iff texte

Band 7

Springer-Verlag Wien GmbH

Weiter Bildung?
Beiträge zur wissenschaftlichen Weiterbildung
aus Theorie und Praxis

Herausgegeben von
Peter Heintel
Larissa Krainer

Springer-Verlag Wien GmbH

Herausgeber: Univ.-Prof. Dr. Ralph Grossmann
für das Institut für Interdisziplinäre Forschung und
Fortbildung der Universitäten
Klagenfurt, Wien, Innsbruck und Graz
Redaktion: Mag. Clemens Ragl

Das Werk ist urheberrechtlich geschützt.
Die dadurch begründeten Rechte, insbesondere die der Übersetzung, des Nachdruckes, der Entnahme von Abbildungen, der Funksendung, der Wiedergabe auf photomechanischem oder ähnlichem Wege und der Speicherung in Datenverarbeitungsanlagen, bleiben, auch bei nur auszugsweiser Verwertung, vorbehalten.

© 2000 Springer-Verlag Wien
 Ursprünglich erschienen bei Springer-Verlag/Wien 2000

SPIN: 10764290

Satz: Reproduktionsfertige Vorlage des Herausgebers
Druck: Manz, A-1050 Wien
Graphische Gestaltung: Erhard Waldner

Gedruckt auf säurefreiem, chlorfrei gebleichtem Papier - TCF

ISBN 978-3-211-83475-6   ISBN 978-3-7091-6293-4 (eBook)
DOI 10.1007/978-3-7091-6293-4

Editorial

Der Beitrag der österreichischen Universitäten zur Weiterbildung der AbsolventInnen und zur Bearbeitung wichtiger gesellschaftlicher Qualifizierungsfelder jenseits des Grundstudiums – also die dritte Säule des universitären Angebots neben Forschung und Lehre – ist immer noch unterentwickelt. Die Universitäten überlassen dieses Feld, trotz einer erheblichen Ausweitung ihres Angebots, in den letzten Jahren weitgehend außeruniversitären Anbietern und in verstärktem Maß ausländischen Universitäten.

Die Universitäten müssen ihr Angebot zwischen der Orientierung am Arbeitsmarkt und an ihrem eigenständigen Bildungsauftrag bestimmen, der auch auf die Stärkung der individuellen Entwicklungschancen der StudentInnen und AbsolventInnen und einen Beitrag der Universitäten zur gesellschaftlichen Bewusstseinsbildung der BürgerInnen ausgerichtet ist. Sie müssen damit auch ihren Charakter in der Abgrenzung von kommerziellen Angeboten verdeutlichen.

Die Universitäten sind einem verschärften Wettbewerb untereinander und vor allem auch gegenüber anderen Anbietern der Wissensgenerierung und Wissensvermittlung ausgesetzt. In der wissenschaftlichen Weiterbildung ist dieser Konkurrenzdruck besonders stark und gleichzeitig bietet dieses Feld gute Chancen, sich mit zusätzlichen Angeboten als Wissenschaftsbetrieb zu profilieren.

Die universitäre Weiterbildung ist mit der gesetzlichen Verpflichtung zu einer kostendeckenden Kalkulation schon gesetzt gebührenpflichtig. Das zwingt sie einerseits zu hoher Qualität und einem Eingehen auf die realen Bedürfnisse der InteressentInnen und verschafft ihr auch entschiedene und motivierte TeilnehmerInnen. Aber es bedeutet auch, dass Angebote, für die nicht ohne weiteres bezahlt wird, oder nicht zahlungskräftige InteressentInnen weniger zum Zug kommen.

Das iff hat sich in den nunmehr 20 Jahren, die es postgraduelle wissenschaftliche Weiterbildung betreibt, in Auseinandersetzung mit diesen Widersprüchen einen eigenständigen Ansatz erarbeitet. Das iff versucht mit seinen Universitätslehrgängen und Workshops auf aktuelle gesellschaftliche Problemlagen maßgeschneiderte Antworten zu finden.

Die Weiterbildungsprogramme sind in intensiver Auseinandersetzung mit diesen Problemfeldern und den InteressentInnen an Qualifizierung entwickelt worden. Die Weiterbildungsarbeit des Instituts ist eng an seine interdisziplinäre Forschung gekoppelt. Das schafft ein solides fachliches Fundament und schützt vor einer kurzatmigen Anpassung an arbeitsmarktpolitische Forderungen oder Interessenpolitik.

Die iff-Angebote versuchen für eine erfolgreiche Bewältigung von beruflichen Anforderungen oder anderen gesellschaftlichen Aufgaben zu qualifizieren und gleichzeitig die Autonomie und die Entwicklungsmöglichkeit der TeilnehmerInnen zu stärken. Die kritische Reflexion der eigenen Rolle in Beruf, Organisation und Gesellschaft sowie die kritische Auseinandersetzung mit fachlichen, organisationalen oder gesellschaftlichen Entwicklungen stellen dabei einen hohen Wert dar. Die Weiterbildungsprogramme versuchen professionelle Autonomie zu stärken und gleichzeitig zur Gestaltung von beruflichen Handlungsfeldern und Organisationen zu qualifizieren.

Die institutionalisierte Unabhängigkeit wissenschaftlicher Lehre macht das Programm des iff unabhängig gegenüber unerwünschter Einflussnahme auf Inhalt und Lehrpersonal. Die Mitfinanzierung der Programme seitens der InteressentInnen macht sie auch unabhängig gegenüber selektiver Förderungspolitik. Die grundsätzliche wirtschaftliche Unabhängigkeit der öffentlich finanzierten Universitäten und ihrer permanenten MitarbeiterInnen schützt davor, sich ausschließlich an aktuellen Anforderungen des Marktes zu orientieren, obwohl das Institut natürlich bestrebt ist, sich auch auf dem Markt wissensgenerierender und wissensvermittelnder Angebote zu behaupten.

Die vorliegenden iff texte eröffnen einen Blick auf die handlungsleitenden Konzepte hinter den Weiterbildungsangeboten. Sie reflektieren die Rahmenbedingungen universitärer Weiterbildung und Prinzipien ihrer Gestaltung. Das aktuelle Angebot des iff an Universitätslehrgängen können Sie der beiliegenden Broschüre entnehmen. Auf eine Auswahl der Beiträge aus allen bisherigen Bänden können Sie auch online zugreifen: http://www.univie.ac.t/iffoesyst/ifftexte.

Ralph Grossmann, Clemens Ragl

Inhalt

Impressum	4
Editorial	5

Transfer

Wir sind eine Zumutung
Interview — 9

Magazin

Ausgewählte Forschungsergebnisse, laufende Projekte und Vorhaben am iff — 15

Thema: Weiter Bildung?

Vom Problem zum wirkungsvollen Handeln
Larissa Krainer — 22

Wissenstypen und ihre Verknüpfung
Klaus Scala — 31

Design von Weiterbildung als kritisches Element
Konrad Krainer, Klaus Scala — 39

Vermittlung von Organisationskompetenz
Ralph Grossmann, Peter Heintel — 49

Mediation und Konfliktregelung
Gerhard Falk — 61

Soziodynamische Gestaltungskompetenz
Karin Lackner — 70

Bildung und Ökonomie
Peter Heintel, Larissa Krainer — 79

Externe Perspektiven

Modernisierung durch Flexibilisierung von Weiterbildung
Elke Gruber ... 97

Lernen im Unternehmen als Herausforderung für die Universität
Martin Möhrle ... 105

Einige Wege zu dem, was (neue) Wissenschaft sein könnte
Wolf-Dieter Narr ... 111

Literatur zum Thema ... 118

Kontroversen

Schöpferische Zerstörung ... 120

Neue Medien an Österreichs Universitäten ... 121

Autorinnen und Autoren ... 123
Index ... 125
iff Service ... 127

Wir sind eine Zumutung

Drei Mal wurde der „Wiener Fakultätslehrgang Bildung und Kultur" von einem sechsköpfigen interdisziplinären Leitungsteam durchgeführt. Gottfried Fliedl (GF), Kunsthistoriker und Museologe, Margit Sturm (MS), Politikwissenschaftlerin, Historikerin und Mediatorin, sowie Elisabeth Wappelshammer (EW), Sozialhistorikerin mit Supervisionsausbildung, über die Ziele eines Lehrgangs für berufsbezogene Projektarbeit für GeisteswissenschaftlerInnen, über die geglückte Projektarbeit einzelner StudentInnenteams und über die Gründe für das Aus des 1994 aus der Taufe gehobenen zweijährigen Projektstudiums. Im Gespräch mit Clemens Ragl.

iff texte: Welche Idee stand hinter dem Lehrgang?

EW: Der ursprüngliche Anstoß kam von der Studienrichtungsvertretung Geschichte. Die Idee war, dass man in geisteswissenschaftlichen Studien etwas Berufsorientiertes lernen sollte, das über das Lehramt und eine klassische Forschungskarriere hinausgeht. Wir sechs vom Lehrgangsteam sind ein gemischter Haufen. Heinz Blaumeiser hat Physik und Sozialgeschichte studiert und sich auf Wissenschaftstheorie spezialisiert. Ela Hornung und Eva Blimlinger haben beide Geschichte und Germanistik studiert. Für uns alle gilt, dass das, was wir im Kurs vermittelt haben, nicht nur auf dieser Studienausbildung beruht. Weiterbildung war für uns selbst sehr maßgeblich. Wir haben zahlreiche Projekte und Fortbildungen gemacht, die hier auch eingeflossen sind. Wir alle haben Projekte konzipiert, eingereicht, budgetiert, Finanzgeber gesucht – haben also jahrelang all das gemacht, was wir dann versuchten, den Studierenden beizubringen.

GF: Der Kern des Kurses war eine Projektarbeit, die die Studenten in Gruppen durchgeführt haben, die von uns begleitet und unterstützt wurde. In einer Anfangsphase haben sie andere Projekte evaluiert und dann später selbst Projekte realisiert ...

... mit dem Ziel, dass sie nach dem Lehrgang selbstständig Projekte durchführen können?

GF: Ja. Das hat dazu geführt, dass sich viele Projekte zumindest teilweise finanziert haben. Die Studenten haben zum Teil erhebliche Mittel akquiriert.

MS: Das Ziel war aber auch, Entscheidungsfindung zu üben, was mit dem jeweiligen Studium gemacht werden kann. Einige haben die Entscheidung getroffen, weiterhin Projekte zu machen, andere haben Jobs gekriegt, wo ihnen durchaus diese Schlüsselqualifikationen, die sie durch das Durchführen eines

Transfer

Projektes vom Konzept bis zur Endabrechnung erlangten, nützlich waren, andere wiederum haben entschieden, in die Schule zu gehen. Aber diese Entscheidung ist dann mit einem anderen Selbstverständnis getroffen worden.

Bekamen Sie Rückmeldungen von Ihren ehemaligen StudentInnen, ob sie weiter in der Projektarbeit tätig sind?

EW: Punktuell ja. Wir möchten die letzten sechs Jahre nun aber evaluieren. – Was ich zu den Zielen noch sagen wollte: Ein Aspekt von Weiterbildung muss sein, dass sich die Leute klarer darüber werden, was sie können, wofür sie Begabungen haben. Es kann nicht sein, dass man nur technisches Know-how vermittelt. Für uns war dieser Lehrgang ein geschützter Rahmen, um draufzukommen, was die Teilnehmer gern und gut machen – das kann völlig abseits davon sein, was an der Universität üblicherweise beigebracht wird.

Welche Projekte wurden beispielsweise durchgeführt?

EW: Bei einem Projekt veranstalteten zwei Studentinnen in Weitra im Waldviertel Schreibwerkstätten zur Reflexion des eigenen Alltags, mit denen sie eine Menge an Leuten erreichten. In einer Kleinstadt mit 2.000 Einwohnern gab es immerhin einen Abschlussabend, an dem 100 Leute teilnahmen. Die beiden brachten Politiker genauso zum Schreiben wie Bauern oder Menschen im Altersheim und haben damit auch eine Öffentlichkeit geschaffen und diese zweifelsohne bereichert. Und das mit ganz wenigen Mitteln. Das war ein Beitrag zu einer kleinststädtischen Kultur. Das Projekt war mit großer Sorgfalt geplant, durchgeführt und auch nachbereitet. Für mich war das eines der erfolgreichsten Projekte.

MS: Für mich war „Unisex, 100 Jahre Frauenstudium an der Universität Wien" ein Projekt, in dem es einer Frauengruppe sehr gut gelang, auf dieses Datum zu reagieren. Das Jubiläum bewirkte auch, dass es Fördergeld gab. Das Team präsentierte sich auf der Universität einerseits in traditioneller Weise, in Form eines Symposiums zum Stand der Integration der Frauen und der Frauenforschung an den einzelnen Fakultäten. Andererseits wählte es eine etwas ungewöhnlichere Form und machte in Zusammenarbeit mit Künstlern in der Universität Wien an mehreren Stellen Installationen – etwa Hörsäulen in der Bibliothek. Und schließlich produzierte es ein Video, das Wissenschaftlerinnen aus verschiedenen Bereichen porträtierte. Das war meiner Meinung nach ein Beispiel für ein sehr gelungenes Projekt – durch die Kooperation mit Künstlern, dadurch, dass es auf der Universität verankert war, und last but not least auch dadurch, dass es gut dotiert war.

Ein zweites sehr interessantes Projekt war „denk-mal weiblich", in dem es darum ging, versteinerte Geschlechterverhältnisse aufzuzeigen. Die Gruppe brachte nach einer langen Phase der Themenfindung und des Arbeitens am Konzept eine gelungene Installation im öffentlichen Raum zu Stande. Sie baute rund um das Goethe-Denkmal ein Gerüst auf, sodass man hinaufsteigen und mit Goethe auf einer Ebene sein konnte, installierte zwischen Schiller- und Goethe-Denkmal eine Denkleine, wobei es um Frauen in der Kunst, in der Literatur ging, und verhüllte in einer doch sehr spektakulären Aktion den Schiller. Die Studierenden haben bei diesem Projekt sehr viel gelernt, weil sie es in einer sehr exponierten Situation umsetzten. Die Reaktionen waren durchaus gemischt. Bis zur letzten Minute war nicht klar, ob all diese Genehmigungen von den Behörden kommen. Die Studierenden trieben auch einen relativ hohen Anteil an Sponsoring auf.

GF: Ein Projekt, das mir einfällt, war eine Recherche zur Findung eines neuen Textes für die Bundeshymne. Es gab nach dem Zweiten Weltkrieg eine Ausschreibung in ganz Österreich. Die Studentengruppe sichtete dieses Quellenmaterial und hätte die Absicht gehabt, eine Ausstellung in der Nationalbibliothek zu veranstalten, was an verschiedenen Widerständen scheiterte. Sie machten dann zwei Realisierungen: ein Feature, das im Rundfunk gesendet wurde, und – gemeinsam mit dem Kabarett Niedermair – eine Verarbeitung und mehrmalige Aufführung dieser Texte. Das war informativ und beste Unterhaltung, das war unglaublich geglückt. Durch die Offenheit der Hymnen-Ausschreibung gab es teilweise sehr kurioses und bizarres Material. Es war eine schöne Form der Popularisierung von Geschichtsforschung, weil sich dieses Projekt mit dem Österreichmilleniumswahn und dem ganzen Identitätsgetue analytisch überschnitt.

EW: Die Lehrgänge hatten immer ein Oberthema. Bei diesem zweiten Lehrgang war es „Österreichmythen". Der erste Lehrgang stand unter dem Motto „Krise und Krieg – Alltag und Überleben", der letzte trug den Titel „Grenze".

Haben Sie den Eindruck, Ihr Ziel, nämlich den Studierenden Kompetenzen für die praktische Projektarbeit zu vermitteln, erreicht zu haben?

EW: Haben wir die Ziele erreicht? Bei den genannten Projekten haben die Teilnehmenden das Arbeiten in komplexen Zusammenhängen gelernt, sie haben gelernt, mit Politikern genauso zu verhandeln wie mit Ministerialbeamten, um an Geld zu kommen. Die „denk-mal weiblich"-Frauen haben erreicht, dass sie diese Verhüllungsaktion machen durften; das hat eine unglaubliche Zähigkeit gebraucht. Diese haben sie sicher gelernt. Sie haben gelernt, mit Geld umzugehen, Vereine zu gründen, die AKM-Gebühren zu entrichten, mit Konflikten umzugehen. Es gab ja immer wieder konfliktreiche Entwicklungen und damit reihenweise Lernchancen, die sie auch genutzt haben. Sie sind auch immer wieder über die Hürden gekommen, die sich in den Weg gestellt haben, ob das

Transfer

nun innerhalb oder außerhalb des Teams war. Wenngleich es auch eine unglaubliche Zumutung für die Studierenden darstellte, was hier alles zu lernen war. Wir sind eine einzige Zumutung. Als Gruppe – heute sind wir nur drei –, wenn wir zu sechst hier sitzen, sind wir ziemlich massiv.

Worin besteht die Zumutung?

EW: Wir sind sehr unterschiedlich und daher entgeht uns auch kaum etwas. Wir legten auf Unterschiedliches Wert; das war für die Studierenden eine Herausforderung. Wir fordern auch sehr viel. Schon dass ein Projekt in voller Länge konzipiert, durchgeführt und reflektiert werden musste, ist an und für sich eine Zumutung, wenn man bedenkt, dass die Studenten kaum Erfahrung damit hatten. Wir hingegen haben Erfahrungen und sind selbst ursprünglich sehr viel langsamer eingestiegen. Die Teilnehmer mussten alles in zwei Jahren durchführen. Immerhin gab es dabei unsere Betreuung. Für die in der Projektarbeit geforderten Kompetenzen braucht man als junger Mensch Unterstützung. Das war ein Teil meiner Motive, das zu machen. Gerade, weil wir schon so lange in der Projektszene sind und mitgekriegt haben, wie wenig Unterstützung man hat, wie unglaublich einsam man ist beim Versuch, den Fuß in die Tür zu kriegen.

MS: Die größte Zumutung war meiner Meinung nach die, dass wir, obwohl wir die Studenten begleitet haben, nicht sagen konnten, was richtig ist und was falsch, weil das in diesen Zusammenhängen nicht zu sagen ist. Mit dieser Unsicherheit umzugehen, war am schwierigsten. Wir haben immer versucht, die Gruppen zu bestärken, ihren eigenen Weg zu gehen, das eigene Thema und ihre eigene Art und Weise zu wählen, es durchzuführen. Damit ist schwer umzugehen, wenn man in der Universität gewöhnt ist zu hören, man muss das oder das können, und jetzt ist auf einmal Auswahl und Entscheidung gefragt.

War es auch ein Kriterium für die Beurteilung, ob Geld für ein Projekt aufgetrieben werden konnte?

GF: Nein, das wäre ja vollkommen unfair, weil es unvorhersehbar ist, welche Gruppe mit welchem Thema welche Mittel akquiriert.

Sie sind ja allesamt nicht wirklich an der Universität, sondern zwischen Wissenschaft und Projektpraxis tätig. Stellte das ein Problem dar?

GF: Das ist ja einer der Aspekte, warum der Lehrgang von der Universität eher geduldet als aktiv unterstützt und gefördert wurde. Es geht auch um eine Art von Kontrolle. Jede Organisation wird nervös, wenn in ihr etwas passiert, das nicht wirklich kontrollierbar ist. Man kann es auch positiv formulieren: Es hat uns in der ganzen Zeit niemand in Inhalt und Methodik unseres Kurses etwas dreingeredet. Es gab nur zwei Situationen, in denen Institute von sich aus aktiv auf uns zukamen. In beiden Diskussionen war aber spürbar, dass sie zwar neugierig waren, aber eher dazu tendierten zu sagen: „Wir können das ohnehin selber, was ihr macht." Das hängt mit Konkurrenz und Status zusammen und auch mit etwas anderem: Es gibt in der Selbstwahrnehmung der Universität und ihrer Mitarbeiter große Unterschiede in Bezug darauf, was sie zur Praxisnähe leisten, im Verhältnis zu dem, was die Studenten tatsächlich an Praxisnähe erwerben. Das ist ein schreiender Unterschied.

Eine Qualität des Kurses war seine Zweiseitigkeit. Vieles war soziales Lernen, das andere war die Anwendung, Übersetzung, Popularisierung von Wissenschaft, was an der Universität üblicherweise nicht gelehrt wird. Es ist für die Studenten auch mühsam, auf eingeschliffene Formen – Aufsätze zu schreiben, Referate zu halten – zu verzichten und das in eine Ausstellung, in ein Kabarett, in ein Feature, in eine Erwachsenenbildungseinrichtung zu übersetzen. Gegenüber dieser Übersetzungsarbeit bestand Skepsis. Hier steht ein konservativeres Wissenschaftsbild gegen eines, das eigentlich durch die gesamten gesellschaftlichen Rahmenbedingungen sehr sinnvoll zu legitimieren wäre – sowohl in Bezug auf die Einschätzung des Arbeitsmarktes für Geisteswissenschaftler als auch in Bezug auf wissenschaftsimmanente Entwicklungen. Wo doch alles danach schreit, dass Wissenschaftler das lernen. Wenn man einen kritischen Anspruch an Wissenschaft hat und nicht nur einen markt-technisch-ökonomischen, dann ist es wichtig, dass Wissenschaftler es lernen, andere Sprachen zu entwickeln als nur für die eigene akademische Klientel. Das ist der Kernkonflikt, der natürlich nie ausgetragen, sondern formalisiert wird: „Ihr habt zuviel Lehraufträge!" Und das bei drei Lehraufträgen für sechs Personen! Rein ökonomisch war das wahrscheinlich eine der effizientesten Ausbildungen überhaupt. So billig bekommt die Universität nie wieder so eine Art von Ausbildung. Die Tendenz geht inzwischen generell dahin, dass alles, was über das Normstudium hinausgeht, kostenpflichtig werden soll. Insofern war unser Projektstudium bereits eine heikle Konstruktion, weil es für die Studenten kostenlos war. Das ist eine hochschulpolitische Frage, dass jede berufsqualifizierende Ausbildung den Betreffenden selbst aufgebürdet wird. Diese Entwicklung ist gesellschaftspolitisch extrem fragwürdig.

MS: Universitätslehrgänge sind üblicherweise kostenpflichtig. Deswegen hatten wir Schwierigkeiten mit der Bezeichnung „Lehrgang". Also nannten wir es dann Projektstudium.

Warum gibt es diesen Lehrgang – trotz seines offensichtlichen Erfolges – nicht mehr?

EW: Wir sind auch eine Zumutung für die Universität. Einerseits ist unsere Art zu lehren eine Provokation und zum anderen gerieten wir natürlich in Konkur-

Transfer

renz, weil wir auf die Schwachstellen des Studienbetriebs eingehen. Sobald man Studierende nämlich zwingt, das Ziel der eigenen Arbeit schärfer zu definieren, stößt man sehr rasch auf wissenschaftliche Untiefen. Wir haben uns immer wieder vor der Aufgabe gesehen, quellenkritische Einführungen zu machen, weil klar geworden ist, dass Studierende das offenbar in ihrem Studium nicht so mitkriegen, dass sie das auch können. Im Rahmen von üblichen Seminar- oder Diplomarbeiten fällt es nicht so rasch auf, wie kritiklos Studierende häufig vorgehen. Unsere Arbeit geht nicht nur in die Richtung, dass wir Methoden wählen, die fernab der Universität sind, sondern sie führt auch wieder zurück zur wissenschaftlichen Arbeit. Damit verlassen aber auch wir selbst das engere Feld der Bildungs- und Kulturarbeit. Das schafft Misstrauen und einen guten Grund, diesen Lehrgang nicht zu mögen.

MS: Wenn man nach außen hin vermitteln will, was die Wissenschaft an der Universität leistet oder was das eigene Forschungsinteresse ist, stößt man natürlich an die Frage der gesellschaftlichen Einbindung der Geisteswissenschaften: Was ist das Grundlegende des Faches, was ist der Beitrag zu aktuellen Problemen?

Nachdem das Projektstudium jetzt fürs Erste beendet wurde: Wie geht es weiter?

EW: Wir wollen eine Evaluation machen, haben für später bereits einige Ideen im Kopf, möchten aber nichts überstürzen. Wir möchten uns selbst auch nicht mehr so billig verkaufen. Über die Reflexionsphase sind wir daher eigentlich ganz froh. Wir glauben nach wie vor, dass es ein gutes Produkt ist.

MS: Die Rahmenbedingungen haben sich grundlegend geändert. Während der sechs Jahre haben sich die Möglichkeiten, in einem relativ geschützten Rahmen, mit einem überschaubaren Budget zu experimentieren, total verändert. Anfangs gab es unter Minister Rudolf Scholten im Wissenschaftsministerium die Aktion Erwachsenenbildung, wo man ein relativ kleines Projekt mit einer Finanzierung im Ausmaß von ca. 10.000 bis 30.000 Schilling durchführen konnte, was für Studierende machbar war. Diese Möglichkeiten gibt es nicht mehr. Die Projekte wurden immer größer, komplexer und teurer. Der Projektantrag lag im Durchschnitt bei 300.000 bis 400.000 Schilling. Dieser Prozess hat Auswirkungen auf die Bildungslandschaft: Viele kleine Projekte, die wenig Geld benötigen, kriegen auch dieses nicht. Auf diese Rahmenbedingungen wollen wir reagieren.

Danke für das Gespräch.

Magazin

Ausgewählte Forschungsergebnisse, laufende Projekte und Vorhaben am iff

Frauen in hoch qualifizierten technischen Berufen

Beispielhaft an der Region Villach und dem dortigen „Micro Electronic Cluster" hat Christine Wächter (TEWI Graz) einen Maßnahmenkatalog zur Erhöhung des Frauenanteils im hoch qualifizierten technischen Bereich entwickelt. Das Forschungsprojekt war eingebettet in das Frauen-Technologie-Programm Villach, das von Larissa Krainer (Studienzentrum für Weiterbildung) koordiniert wurde. Mittels qualitativer Interviews und Workshops wurden relevante AkteurInnen von Ausbildungseinrichtungen und Betrieben in das Forschungsprojekt eingebunden. Um weitere Frauen-Technologie-Programme in anderen Regionen Österreichs anzuregen, wurde zudem ein „Manual" zur Entwicklung und Implementierung von entsprechenden Maßnahmen erarbeitet. Das Forschungsprojekt wurde von der ehemaligen Bundesministerin für Frauenangelegenheiten finanziert.
- Abteilung Technik- und Wissenschaftsforschung, Standort Graz

International Summer Academy on Technology Studies

Das IFZ – der Grazer Standort der Abteilung Technik- und Wissenschaftsforschung des iff – organisiert im Sommer 2000 zum zweiten Mal die „International Summer Academy on Technology Studies". Die erste einwöchige Veranstaltung dieser Reihe wurde im Juli 1999 zum Thema „Technology Studies and Sustainability" durchgeführt; der Titel der Sommerakademie 2000, die vom 9.-15. Juli stattfinden wird, ist „Strategies of a Sustainable Product Policy".
Ziel der Veranstaltungsreihe ist es, eine Plattform für aktuelle Fragen einer Forschungs-, Technologie- und Innovationspolitik zu bieten, die sich an Kriterien der Sozial- und Umweltverträglichkeit orientiert. Im Hintergrund steht dabei die Überzeugung, dass das Forschungsfeld der „Technology Studies", als Überbegriff für vor allem ökonomische und sozialwissenschaftliche Zugänge zur Beschreibung und Erklärung der Dynamik technischen Wandels, relevante Beiträge zu einer Technologiepolitik leisten kann, der es nicht nur um ökonomische Wettbewerbsfähigkeit, sondern auch um den Inhalt, den Gebrauchswert von Technologien geht. Ziel der Sommerakademien ist es daher gleichermaßen, einen Beitrag zur Überwindung des „Theoriedefizits" von Technologiepolitik und des „Praxisdefizits" von Technikforschung zu leisten.
- Abteilung Technik- und Wissenschaftsforschung, Standort Graz

Magazin

Interdisziplinäres Kolleg für Wissenschafts- und Technikforschung

Wissenschaft und Technik sind in nahezu alle Lebensbereiche vorgedrungen und damit zu bedeutsamen Einflussfaktoren der gesellschaftlichen Entwicklung geworden. Vor diesem Hintergrund hat TEWI Graz ein Interdisziplinäres Kolleg für Wissenschafts- und Technikforschung eingerichtet, das sich zur Aufgabe macht, die sozialen und ökologischen Konsequenzen des globalen technologischen Wandels zu untersuchen. Im Rahmen des Interdisziplinären Kollegs können internationale Fellows Beiträge zur Bearbeitung des komplexen Themenfeldes Wissenschaft – Technik – Gesellschaft leisten. Sie finden in Graz optimale Rahmenbedingungen und ein anregendes Forschungsumfeld vor. Den Fellows wird vom Interdisziplinären Kolleg ein Arbeitsplatz mit moderner Informations- und Kommunikationstechnologie sowie mit administrativer Infrastruktur zur Verfügung gestellt. Das Interdisziplinäre Kolleg fungiert auch als Forum für den Gedankenaustausch zwischen internationalen ExpertInnen. Der kritische Diskurs erlaubt es, die Qualität der am Kolleg durchgeführten wissenschaftlichen Arbeiten weiter zu erhöhen. Davon profitieren sowohl die internationalen Fellows als auch die WissenschaftlerInnen der in Graz ansässigen Lehr- und Forschungseinrichtungen.
• Abteilung Technik- und Wissenschaftsforschung, Standort Graz

Interkulturelle Sozialkompetenz

Bei der im Dezember 1999 in Klagenfurt abgehaltenen Institutskonferenz des iff wurde der einstimmige Beschluss gefasst, in Wien einen Programmbereich Interkulturelle Sozialkompetenz einzurichten. Im Rahmen des neuen Programmbereichs wird zunächst an zwei zentralen Themenstellungen im Bereich der interkulturellen Sozialkompetenz gearbeitet werden: Umgang mit Konflikten zwischen unterschiedlichen kulturellen Systemen, Gestaltung von individuellen und organisationalen Lernprozessen zum Umgang mit kulturellen Unterschieden.
• Arbeitsgruppe Organisation und Bildung, Wien

Mediation

Die erstmals am Institut für Zivilrecht, Ausländisches und Internationales Privatrecht der Universität Graz abgehaltene Einführungslehrveranstaltung zur Mediation wurde von den StudentInnen mit großer Begeisterung aufgenommen. Dabei gelang auch eine unmittelbare Einbindung der Präsidenten der einschlägigen Berufsverbände (Rechtsanwälte, Notare, Wirtschaftstreuhänder etc.) in der Steiermark. Auf Grund des großen Erfolges wird künftig regelmäßig eine Lehrveranstaltung zum Thema „Mediation" im 3. Studienabschnitt angeboten. Darüber hinaus sind für die Zukunft vertiefende postgraduale Lehrveranstaltungen geplant.
• Arbeitsgruppe Organisation und Bildung, Wien

Schulprogrammentwicklung an berufsbildenden Schulen

Im Rahmen der Schulautonomie wurden Schulen in den letzten Jahren vermehrt Freiräume zur Selbstgestaltung eröffnet. Diese Möglichkeiten – verbunden mit einer breiten Qualitätsdiskussion in Bildungsfragen – haben innerhalb des österreichischen Schulsystems eine beachtliche Dynamik ausgelöst. Nun soll in Zukunft noch einen Schritt weitergegangen werden: Die Einzelschule als pädagogische Handlungseinheit wird im Zug der Lehrplanreform zur Selbststeuerung verpflichtet. Schulen sollen in Zukunft Schwerpunkte setzen und systematischer als bisher ihre Qualität überprüfen und weiterentwickeln. Qualitätsentwicklung soll ein fixer Bestandteil der Schulkultur werden.
Kristallisationspunkt dieses neuen Steuerungs- und Qualitätsverständnisses ist das „Schulprogramm". Dieses ist eine schriftlich festgehaltene Vereinbarung der Schulgemeinschaft, in der Ziele und Maßnahmen in verschiedenen Qualitätsbereichen (Unterrichtsqualität, Personalentwicklung, Schulorganisation, Beziehungen nach außen) aufgelistet sind. Das Schulprogramm enthält das Profil einer Schule und gibt Auskunft über individuelle Schwerpunktsetzungen und pädagogische Orientierungen: Welche gemeinsamen Leitvorstellungen und pädagogischen Grundwerte haben wir in unserer Schule? Was ist unser Leitbild? Welche konkreten Maßnahmen, Projekte und Vorhaben planen wir für die Erreichung unserer pädagogischen Qualitätsziele in der Zukunft? Evaluation ist ein unerlässlicher Bestandteil von Qualitätsentwicklung und damit untrennbar mit dem Schulprogramm verbunden.
Nun sollen Schulen schon in naher Zukunft zur Erstellung von Schulprogrammen verpflichtet werden. Um über den Prozess der Erarbeitung Erfahrungen sammeln zu können, hat das BMUK (Sektion II, Berufsbildung) im Rahmen der Initiative „Qualität in Schulen (Q.I.S.)" die Abteilung Schule und gesellschaftliches Lernen des iff mit der Organisation und Durchführung des Projektes „Schulprogrammentwicklung an berufsbildenden Schulen" beauftragt.
• Abteilung Schule und gesellschaftliches Lernen, Klagenfurt

Stoffwechsel von Industrieländern

Wie kann der Stoffwechsel von Industrieländern beschrieben werden? Seit Herbst 1998 arbeiteten dazu Teams aus fünf Ländern an der Erstellung von international vergleichbaren Materialbilanzen. Für Österreich war die Abteilung Soziale Ökologie des iff beteiligt. Weitere Partner waren das Wuppertal Institut für Klima, Umwelt und Energie (Deutschland), das National Institute for Environmental Studies (Japan) und das Centre of Environmental Science der Universität Leiden (Niederlande). Koordiniert wurde das Projekt vom World Resource Institute in Washington (USA). Mit diesem Projekt sollte die Machbarkeit von international vergleichbaren Materialbilanzen demonstriert, ein weiterer Beitrag zur methodischen Harmonisierung dieses Instrumentariums geliefert und vor allem der

Magazin

Stellenwert von Materialindikatoren als Leitindikatoren für Umweltbelastungen unterstrichen werden. Maßgeblich für die Vergleichbarkeit der Ergebnisse ist eine einheitliche Festlegung des Bilanzraumes bzw. der Systemgrenzen. Nachdem in einem vorangegangenen Projekt Rohstoffentnahmen aus der Natur und Importe – also die Input-Seite des industriellen Stoffwechsels – beschrieben wurden, konzentrierten sich die Arbeiten nun auf die Erfassung der Output Flows: Emissionen in die Luft und ins Abwasser, deponierte Abfälle, gezielte Ausbringungen an die Natur (Mineraldünger etc.). Die nun vorliegenden Ergebnisse zeigen, dass die Summen der Output Flows – bezogen auf die EinwohnerInnen – für alle fünf Länder in vergleichbaren Größenordnungen liegen, wobei Unterschiede zwischen den Ländern wesentlich durch das Ausmaß der CO_2-Emissionen bestimmt werden. Mit Ausnahme von Deutschland sind die Output Flows im Zeitraum von 1975 bis 1996 – bezogen auf die EinwohnerInnen und in absoluter Höhe – angestiegen. Dieser Anstieg wird vor allem durch die CO_2-Emissionen und damit durch den Verbrauch an fossilen Energieträgern verursacht. In allen fünf Ländern wird ein beträchtlicher Teil des Materialinputs aber nicht kurzfristig wieder an die Natur abgegeben, sondern in Form von Gebäuden, gebauter Infrastruktur und langlebigen Gütern im System gespeichert. Auch hoch entwickelte Industriegesellschaften wachsen also physisch, sie nehmen an Masse zu.
• Abteilung Soziale Ökologie, Wien

Kulturlandschaftsforschung

Die Abteilung Soziale Ökologie ist am vom Österreichischen Ökologie-Institut koordinierten Projekt „Die Nutzung flächengebundener Energieträger und nachwachsender Rohstoffe als Determinante der Kulturlandschaftsentwicklung" beteiligt. Dabei wird an der Entwicklung eines Materialflussmodells über den Zusammenhang zwischen Aufbringung und Verbrauch von Biomasse in Österreich zur Modellierung von Szenarien für den Zusammenhang von Landnutzung und Einsatz/Verbrauch biogener Ressourcen gearbeitet.
Beim Projekt „Historische Nachhaltigkeitsforschung: Institutionelle Logik und naturräumliche Dynamik in koevolutionärer Entwicklung", das vom Institut für Humanbiologie der Universität Wien koordiniert wird, ist die Abteilung für das Teilmodul „Detailstudie Material- und Energieflüsse" verantwortlich. Es wird die gesellschaftliche Beeinflussung von Nährstoff- und Energieflüssen in agrarischen Systemen sowie ihre Bedeutung für die Kulturlandschaftsentwicklung in einem räumlichen und zeitlichen Vergleich betrachtet.
Das Ludwig Boltzmann-Institut für biologischen Landbau und angewandte Ökologie koordiniert das Projekt „Optionen für die Entwicklung von Landwirtschaft und Gartenbau in Wien". Das Projekt beschäftigt sich mit der Dynamik landwirtschaftlich genutzter Flächen, die in direkter Konkurrenz mit Bauland bzw. Verkehrsflächen stehen, sowie mit den wichtigsten Rahmenbedingungen, unter denen diese Entwicklung stattfindet. In einem weiteren Projektteil wer-

den die Akteure im Spannungsfeld der urbanen Landwirtschaft in Wien mit ihren Interessen, Strategien und Konflikten genauer untersucht.
• Abteilung Soziale Ökologie, Wien

Darstellung von Fremden

Am 16. und 17. Dezember 1999 fand in Klagenfurt die Veranstaltung „Fremde. Darstellungsweisen in Film und Literatur" statt, die von der Abteilung Technik- und Wissenschaftsforschung des iff im Rahmen des Forschungsprojektes „Darstellung von Fremden" in Zusammenarbeit mit dem Forschungsschwerpunkt Fremdenfeindlichkeit am BMWV und dem Universitätskulturzentrum Klagenfurt vorbereitet wurde. An zwei Abenden wurde zum Thema unter den Aspekten Literatur und Dokument sowie Film und Philosophie diskutiert. Die Veranstaltung stieß bei Presse und Publikum auf großes Interesse.
• Abteilung Technik- und Wissenschaftsforschung, Klagenfurt

Ethikforschung

Im November 1999 startete das Projekt „Vernetzung und Dokumentation von Ethikforschung". Vorrangiges Ziel ist die Errichtung einer Website mit einer über Internet zugreifbaren Datenbank. Konzeptionell u.a. an dem in Printform erschienenen „Almanach der Praktischen Ethik" orientiert, werden aktuelle biografische und bibliografische Daten der deutschsprachigen Ethikforschung erfasst und nach folgenden Teilbereichen strukturiert aufbereitet: Allgemeine Ethik, Metaethik und Angewandte Ethik (mit Bioethik, Sozialethik, Wissenschaftsethik, Feministischer Ethik).
• Arbeitsgruppe Wissenschaftsdidaktik, Wien

Assessmentcenter als Standortbestimmung

Im Rahmen des Universitätslehrgangs „Organisationsentwicklung in Dienstleistungsunternehmen" wurde jetzt zum ersten Mal eine Zwischenprüfung in Form eines Förderungsassessments durchgeführt. Im Rahmen von zehn praktischen Übungen, die alle auf ein Organisationsentwicklungsprojekt bezogen waren, konnten die TeilnehmerInnen ihre Kenntnisse und Fähigkeiten überprüfen. Dieser intensive zweitägige Arbeitsprozess bot die Möglichkeit zu einer differenzierten Standortbestimmung für TeilnehmerInnen und ReferentInnen. Jede/r einzelne TeilnehmerIn erhielt seitens des ReferentInnenteams ein ausführliches Feed-back. Lernperspektiven für den zweiten Teil des Universitätslehrgangs konnten formuliert werden. Assessmentcenters können und werden im Wissenschaftsbetrieb in vielfältiger Form Anwendung finden: bei der Auswahl von Führungskräften, in Berufungsverfahren oder aber als anwendungsbezogene Form der Prüfung.
• Arbeitsgruppe Organisationsentwicklung und Systemsteuerung, Wien

Magazin

Innovative Personalentwicklung an der Universität Wien

Unter der Führung des neuen Rektors und der Vizerektorin für Personalentwicklung und Frauenförderung (nach UOG 93) wurde an der Universität Wien, an der rund 6.000 MitarbeiterInnen beschäftigt sind, ein ehrgeiziges Personalentwicklungsprojekt gestartet. In einer Klausur aller RektorInnen, DekanInnen, der Vorsitzenden der Fakultätskollegien, der Führungskräfte in der Verwaltung und der Personalvertretung wurden die Prioritäten und Grundsätze der Personalentwicklung erarbeitet. Im Anschluss daran übernahm ein fakultätsübergreifender Steuerkreis die Koordination des Programms. In fünf Arbeitsgruppen wurden konkrete Angebote für die Jahre 2000 und 2001 erstellt und vom Steuerkreis zu einem Gesamtkonzept integriert. Höchste Priorität erhielt die Personalentwicklung der Führungskräfte an der Universität. Den Führungskräften der Institute und Fakultäten wird ein Trainingsprogramm, ergänzt durch persönliches Coaching, sowie den Leitungsgremien Beratung für ihre Konstituierung und die Entwicklung von Arbeitsfähigkeit in den Kollegialorganen angeboten. Den MitarbeiterInnen wird ein berufsbegleitendes, fachspezifisches Weiterbildungsprogramm angeboten. Die Verbesserung der didaktischen Kompetenz der HochschullehrerInnen ist eine weitere Priorität. Als Prinzipien der Umsetzung wurden formuliert: an vorhandenen Strukturen ansetzen * Leadership durch die Führungsspitze * keine Trennung zwischen wissenschaftlichem und nichtwissenschaftlichem Personal * nicht nur Personen, sondern auch Systeme entwickeln * Förderung von unternehmerischen Aktivitäten auf allen Ebenen * Personalentwicklung nicht durch Zwang, sondern durch Signalisierung von Dynamik. Die Arbeitsgruppe Organisationsentwicklung und Systemsteuerung hat die Startklausur durch fachliche Inputs und Moderation unterstützt und berät den Steuerkreis. Für die Führungskräfteentwicklung wurde seitens des iff ein Trainingsprogramm angeboten.
• Arbeitsgruppe Organisationsentwicklung und Systemsteuerung, Wien

Soziale Kompetenz

Die Arbeitsgruppe Organisationsentwicklung und Systemsteuerung des iff hat ein Kooperationsprojekt angeregt, das zum Ziel hat, an der Uni Graz eine interfakultäre Einrichtung zur Qualifizierung in sozialer Kompetenz zu gründen. Ein solches Zentrum würde als Qualifizierungs-Center im Ausbildungsbereich für Studierende aller Fakultäten fungieren sowie ein entsprechendes Lehrprogramm entwickeln und anbieten. Der Rektor und andere RepräsentantInnen der Universität Graz sind an diesem Projekt sehr interessiert. Der Vorschlag kommt einem teils stark erlebten Bedarf entgegen. Der Planungsprozess ist voll angelaufen, Pilotveranstaltungen sollen im Studienjahr 2000/01 starten.
• Arbeitsgruppe Organisationsentwicklung und Systemsteuerung, Wien

Thema: Weiter Bildung?
Beiträge zur wissenschaftlichen Weiterbildung aus Theorie und Praxis

Die Bildungsgesellschaft begibt sich in ein neues Jahrtausend. Werden sich die Ansprüche an sie wesentlich verändern? Von lebenslänglichem Lernen(-Müssen) ist schon seit langem die Rede, von der Pflicht zur Weiterbildung im Dienst der Brauchbarkeit am so genannten Arbeitsmarkt ebenfalls. Welche Aufgaben kommen aber Universitäten zu, wenn es um den Erwerb von Zusatzqualifikationen und -kompetenzen geht? Welche Konzepte hat wissenschaftliche Weiterbildung anzubieten, und welchen (neuen?) Stellenwert erhalten Universitäten, wenn sie über ihr „klassisches Ausbildungsschema" (Studienangebote) hinausgehen?

Am iff hat die Arbeit im Feld der wissenschaftlichen Weiterbildung Tradition. Seit rund 20 Jahren beschäftigen sich WissenschaftlerInnen am Institut mit der Frage, wie Weiterbildungsprogramme entlang gesellschaftlicher Problemfelder entwickelt werden können. Dabei hat sich ein Themenfeld konsequent gehalten: Der Ruf nach sozialen Kompetenzen ist nicht leiser geworden. Gerade dieser aber erfordert spezifische Lehrmodelle: Training gewinnt darin einen besonderen Stellenwert, das Wahrnehmen praxisnaher Erfahrungen und das Lernen an ihnen erfordert ein Eingehen auf TeilnehmerInnen von Weiterbildungsprogrammen und ein Umgehen mit den von ihnen mitgebrachten Fragestellungen, das weit über den traditionellen Methodenkanon klassischer Stoffvermittlung hinausgeht.

Es ist an der Zeit, wieder einmal Einblick in die konkrete Arbeitspraxis am iff zu geben, andererseits aber auch, diese Arbeit mit Herausforderungen, wie sie beispielsweise von Seiten der Wirtschaft an Universitäten herangetragen werden, zu konfrontieren.

Larissa Krainer

Vom Problem zum wirkungsvollen Handeln

Am iff hat Weiterbildung Tradition. Sie reicht zurück in die Anfänge des Institutes, das sich seit seiner Gründung vor mehr als 20 Jahren der Weiterbildung als gesellschaftspolitischem Auftrag verschrieben hat. Grund genug, einige der langjährigen MitarbeiterInnen am iff zur gemeinsamen Reflexion zu bitten, über vermutete Spezifika, Gemeinsamkeiten und zu erahnende Perspektiven neuer Fragestellungen in gesellschaftlich relevanten Problemfeldern, also insgesamt von universitärer Weiterbildung in Österreich.*

Erinnerungen an eine Ursprungsidee

Die Arbeit am iff sei von Anfang an eng mit Weiterbildung verknüpft und insofern auch schon die Gründung in dieser Hinsicht doppelt motiviert gewesen, sagt Peter Heintel. Erstens nämlich durch die anfängliche Kooperation des iff (als damaligem Fernstudieninstitut) mit der Fernuniversität Hagen. Hier habe man nicht nur von Anfang an strukturelle wie soziale Betreuung geboten, sondern auch eine wesentliche Erkenntnis gewonnen: Die großteils erwerbstätige Klientel überraschte ihre BetreuerInnen vor allem dadurch, daß sie *"einfach besser und schneller studiert hat"*. Die zweite Motivation aber sei aus individuellen Erfahrungen des universitären Regelbetriebes gewonnen worden: Im dortigen „Normalbetrieb" seien nämlich gleich mehrere Möglichkeiten von Bildung schwer unterzubringen gewesen: erstens, weil Weiterbildung an Universitäten damals nicht vorgesehen war und zudem als Luxus interpretiert wurde (wenn auch schon damals abzusehen gewesen sei, daß viele Themenfelder in gesellschaftlichen Bereichen Betreuungsdefizite aufwiesen und die Frage offen war, wer sich ihrer annehmen könnte); zweitens habe man in diesem universitären Regelbetrieb insgesamt nur sehr schwer problembezogen arbeiten können (rund um Probleme Programme institutionalisieren); drittens sei dort die Lernorganisation strukturell mit neuen Formen der „Wissensvermittlung" (vor allem aber eines Kompetenzerwerbs) tendenziell unvereinbar gewesen (z.B. im Hinblick auf besondere Design- und Organisationssorgfalt); und viertens sei deutlich gewesen, daß es in der traditionellen Universitätsarbeit kaum Möglichkeiten qualitativer Beurteilung von Studierenden gab, die über inhaltliche Beurteilungs-

---

* An der Reflexion teilgenommen haben Gertraud Diem-Wille (Schule und gesellschaftliches Lernen), Ralph Grossmann (Organisationsentwicklung und Systemsteuerung), Peter Heintel (Studienzentrum für Weiterbildung), Evelyn Klein (Raum und Ökonomie), Konrad Krainer (Schule und gesellschaftliches Lernen) und Klaus Scala (Organisationsentwicklung und Systemsteuerung).

kriterien hinaus Auskunft über qualitative Eignungen erteilen hätten können (wie beispielsweise die Fähigkeit, Lernprozesse in Schulen zu leiten, zu lenken und durchzuführen).

Auf der Suche nach adäquaten Strukturen und Lernformen

Solche Qualifikationsmöglichkeiten anzubieten, sei schließlich eine der vordringlichsten Motivationen gewesen – wissend, daß die *„Universität aus ihrem Regelbetrieb heraus das noch lange nicht leisten können wird"* (was auch im rückwärts schauenden Blick durch die zunehmende Fachspezifizierung der Universitäten, die jeder Problemlösungsorientiertheit entgegenzustehen scheint, sich tendenziell verstärkt habe). Die zentrale Frage sei in weiterer Folge gewesen, wie es gelingen könne, Organisationsformen zu finden, die imstande sind, *„über Wissen hinausgehende Bildung zu arrangieren"*, ohne dabei gesellschaftlich ideologisch oder institutionell Werte vorzuschreiben, sondern im Sinn eines *„Aktes der Selbstkonstituierung"*, resümiert Heintel.

Gertraud Diem-Wille ergänzt hier einen anderen Aspekt, nämlich jenen der Emotionalität und des emotionalen Beginns, der nicht mehr auf Wissensanhäufung allein, sondern auf ein Ausprobieren angelegt gewesen sei. Gerade in Zeiten radikaler Kritik (an Schule, Staat, struktureller Gewalt etc.) habe man am iff versucht, eine Form zu finden, um diese Aufbruchsstimmung zu institutionalisieren und bloße Kritik in konkrete Projekte der Veränderung zu gießen. So wurden neben den Seminaren Arbeitsgemeinschaften organisiert, in denen LehrerInnen über die Umsetzung des Gelernten in ihrer schulischen Praxis berichteten. Die am iff angebotenen Lernformen sollten ein Lernen aus Erfahrung und ein Erproben an der Praxis ermöglichen. Zusätzlich zu einer Kritik der Schule wurde ein Lernen am Modell erprobt, nach dem Motto: *„Wir können nicht nur die Lehrer kritisieren, ohne ihnen auch eine Möglichkeit zu geben, neue Formen zu lernen."*

Auf der Suche nach geeigneten Lernformen habe sich ein Prinzip von Anfang an durchgesetzt, nämlich das Einbeziehen der betroffenen Gruppen (also jener, für die Lernformen entwickelt werden sollten) als Mitglieder in den Teams, welche die Lehrgänge tatsächlich entwickelten. Das Prinzip der Selbstanwendung, die Erkenntnis, Prozeßlernen nicht mittels Frontalunterricht gestalten zu können, sowie der Mut zu und die Freude an Experimenten in der Entwicklung neuer Lernformen hätten aber nicht nur am Beginn der iff-Arbeit gestanden, sondern sich bis heute bewährt. Diem-Wille: *„Ich glaube, es war wirklich so, daß wir wie Pioniere versucht haben zu sagen: 'Wir probieren es jetzt, und euer Feedback ist uns wichtig.'"* Diese Anforderungen spiegeln sich letztlich auch in den Etappen der Entwicklungsarbeit: von Modellphasen über gemeinsame Entwicklungsschritte in Projektgruppen zur Durchführung von Lehrgängen bis hin zu ihrer anschließenden Evaluation und zur möglichen Überarbeitung derselben.

Thema

Wenn Form zum Charakteristikum wird

Das, was in den Anfängen noch als radikal neu und als Herausforderung verstanden wurde, sei inzwischen am iff längst zur Selbstverständlichkeit geworden, resümiert Ralph Grossmann, der zwei wesentliche Charakteristika in der methodischen Arbeit der iff-Weiterbildungsangebote sieht, die freilich auch als Unterscheidungsmerkmale gelten können. Als erstes nennt er die Art und Weise des Zugangs, ausgehend von konkreten Problemsituationen, in denen Menschen stehen, und dem Handlungsbedarf, den sie dort haben, einen Lernprozeß zu konzipieren (und nicht nur bestimmte Fachlösungen und Fachwissenssegmente aneinanderzureihen) sowie ein Programm zu entwickeln, das entlang des Qualifizierungsbedarfs und der zu lösenden Problemstellungen konzipiert ist. Das zweite Charakteristikum bezieht sich auf die Bearbeitung einer Schnittstelle im Übergang von Weiterbildung zu tatsächlicher Berufsrealität: Während die meisten Bildungsprogramme ihre TeilnehmerInnen mit der Umsetzungsfrage (Wie läßt sich das Gelernte in wirkungsvolles Handeln übersetzen?) weitgehend alleine ließen, werde am iff der Versuch unternommen, die Programme „handlungsorientiert" anzulegen. Neben dem traditionellen Wissenserwerb gehe es hier um die Aufarbeitung von Erfahrungen aus dem Alltags- und Berufsleben, um Übung im Sinn von Selbstanwendung und einem Erproben des Gelernten, um die Reflexion dieser Erprobung und um das Entwickeln gemeinsamer Handlungsstrategien für die Umsetzung in der Praxis. Alle diese Ebenen müßten in Lernangeboten zusammengeführt werden.

Den erwähnten Problembezug hält auch Konrad Krainer für einen zentralen Eckpfeiler der iff-Programmatik. Die eigenen Fragestellungen, welche die TeilnehmerInnen aus der Praxis mitbrächten, seien *„gewissermaßen die Eintrittskarte in Lehrgänge"*, wenngleich nicht erwartet werden könne, *„daß die Experten der Universität in ihren Denkfabriken fabrizierte Lösungen für diese Probleme haben"*, diese also quasi außerhalb des Praxisfeldes produzieren, um sie dann nur noch als Fertigprodukte für das Feld zur dortigen Umsetzung zu offerieren. Denn, und auch das sei durchgängige Geisteshaltung am iff: Der Lösungsprozeß lasse sich nicht außerhalb des Problemfeldes gestalten. Dieser *„Selbstanwendung didaktischer Prinzipien"* sei – neben dem Ringen um die Entwicklung gemeinsamer Lernformen – aber auch die Etablierung einer gemeinsamen Sprache zuzurechnen, die insbesondere in der Zusammensetzung der Lehrteams aus unterschiedlichen wissenschaftlichen Feldern und Disziplinen relevant gewesen sei (FachdidaktikerInnen, PraktikerInnen, FachwissenschaftlerInnen, PädagogInnen etc).

Ein weiterer wesentlicher Punkt in der methodischen Weiterbildungsarbeit des iff sei darüber hinaus die Förderung einer gewissen *„Selbststeuerung der TeilnehmerInnen"* innerhalb der Lehrgänge, was bis hin zu einer Art *„didaktischer Inversion"* führen könne, wenn beispielsweise TeilnehmerInnen Workshops durchführen und die Mitglieder des Lehrteams zu TeilnehmerInnen dieser Workshops werden, sich also die Rolle von Lehrenden und Lernenden auch tatsächlich verändere und manchmal eben sogar umkehre.

Als weiteres Spezifikum nennt Ralph Grossmann die *„besondere emotionale Qualität"* der iff-Lehrgänge, die einerseits aus der Wahrnehmung der *„Person als ganzer"* resultiere, andererseits aber auch mit dem Nachvollzug dessen, was in Lernsituationen, aber auch in beruflichen Alltagssituationen passiert, zu tun habe, wobei die gefühlsmäßige Beschreibung dessen und eine Bearbeitung der damit verbundenen Affekte gut nebeneinander Platz hätten. Das führe schließlich dazu, daß sich die Menschen *„angenommen fühlen"*, wenn auch die Programme weit mehr auf professionelle Situationen fokussierten und weit weniger auf Selbsterfahrungselementen aufbauten. Gertraud Diem-Wille ergänzt noch ein weiteres Charakteristikum der iff-Weiterbildungsarbeit: die Organisation stabiler Lerngruppen, die über einen längeren Zeitraum gemeinsam arbeiten und Prozesse gestalten.

Die Frage, welchen Entwicklungsprozeß die handelnden Personen und mit ihnen die angebotenen Weiterbildungsprodukte im Rahmen ihrer langen Lehrgangsgeschichte durchgemacht haben (Wie verlaufen Karrieren von LehrerInnenfortbildnerInnen? Wie verlaufen Entwicklungslinien von Hochschullehrgängen?), führt Konrad Krainer in ein Gesamtresümee der Weiterbildungsentwicklung am iff: Aus seiner Sicht lassen sich im wesentlichen vier Modelle im Hinblick auf die Frage identifizieren, wie Beziehungen zwischen Theorie und Praxis hergestellt werden können. Das erste Modell ist jenes von traditioneller Forschung, in dem Daten aus der Praxis gesammelt werden, um sie anschließend zu verdichten, Theorien aufzustellen und zu publizieren. Das zweite Modell ist das der traditionellen Fortbildung, in dem jemand eingeladen wird, seine Expertise vorzutragen, wo also über Forschungen berichtet wird, dieses Berichten aber häufig in einer *„Sackgasse"* endet, weil die PraktikerInnen die Forschungsergebnisse nur schwer auf ihre individuellen Praxisfelder umsetzen können. Im dritten Modell werden die beiden Elemente bereits miteinander verbunden, Forschungsprojekte werden auch als Weiterbildungschance für alle Beteiligten gesehen, und Weiterbildung wird als Möglichkeit verstanden, über Praxis gemeinsam zu reflektieren, sodaß die Veränderungsprozesse selbst Teil des Weiterbildungsprozesses werden und sich die beiden Systeme Praxis und Theorie miteinander verschränken. Das vierte Modell, das am weitesten von den traditionellen Konzepten entfernt ist, geht von einem Verständnis aus, das Fortbildung als Forschung versteht (also Fortbildung nicht *mit*, sondern *als* Forschung) und in dem auch dementsprechend schwer auszumachen ist, was Forschungsprozeß und was Weiterbildungsprozeß ist. Der Weg am iff (in Analogie zum Namen des Institutes „für Forschung und Fortbildung") sei gekennzeichnet von einem *„kontinuierlichen Sich-Hinbewegen"* von den Modellen zwei und drei in Richtung drei und vier. Die TeilnehmerInnen sollen demzufolge nicht nur ihre Probleme definieren, sondern sie auch forschend bearbeiten.

Schattenseiten: Von tendenzieller Überforderung bis zu abwehrender Resignation

Wer sich dem Reflexionsprozeß über 20 Jahre Weiterbildungsarbeit stellt, kommt freilich nicht umhin, auch nach Problemen zu fragen – nach solchen, die sich in oder aus der bisherigen Arbeit ergeben haben, aber auch nach jenen, die sich möglicherweise als zentrale Probleme in der Zukunft von Weiterbildungsarbeit formulieren lassen werden. Und hier wird schnell klar, daß Positives immer auch im Hinblick auf seine negativen Kehrseiten zu betrachten ist.
So steht beispielsweise der enormen Leistungsbereitschaft der TeilnehmerInnen ein Phänomen gegenüber, das Gertraud Diem-Wille unter dem Begriff *„tendenzielle Überforderung"* zusammenfaßt. Diese beginne bei den Teams, wenn sie lernen müssen, mit Konflikten umzugehen und das nicht gewohnt sind, weil die Art von Lernorganisation, die in Organisationen/Institutionen gelebt wird, unbewußt zur Abwehr dieser Ängste beitrage.

Peter Heintel bringt einen anderen Aspekt ein, der zugleich Be- und Entlastung für TeilnehmerInnen sein könne: Daß in Weiterbildungsangeboten *„der Mensch nämlich als ganzer Mensch"* vorkommen könne, hänge auch damit zusammen, daß ein Schwerpunkt in der iff-Arbeit immer gewesen sei, die unterschiedlichsten Berufsgruppen und sogar unterschiedliche Sektoren der Gesellschaft miteinander ins Gespräch zu bringen. Dadurch erfahre man nicht nur Belastung, sondern eben auch eine Entlastung, insofern man merke, daß die Probleme, die individuell als emotionell belastend empfunden werden, solche sind, die eigentlich mit strukturellen Aufgliederungen der Gesellschaft, mit Nicht-Gesprächsformen von Berufsgruppen zusammenhängen und insofern auch individuell nicht zu bewältigen sind. Ein Phänomen, das Ralph Grossmann ebenfalls wahrnimmt und trefflich illustriert, wenn er davon spricht, *„daß man eigentlich sozusagen immer wieder kastriert wird, verletzt wird, dadurch, daß man gar nicht wirkungsfähig sein kann in dem, was man ist, weil einfach die Gesprächspartner fehlen, weil man die Sprache nicht spricht, weil das ein ganz anderer Sektor der Gesellschaft ist"*. Die Bearbeitung solcher Grenzen bzw. die Versuche, sie „durchlässiger" zu machen, sei eine wesentliche, wenn auch sehr schwierige Herausforderung in der Arbeit am Institut gewesen.

Ein weiteres Widerspruchspaar steuern Gertraud Diem-Wille und Konrad Krainer bei: Neben vielerlei Möglichkeiten, Kooperationen unter TeilnehmerInnen zu erzielen, ist für Gertraud Diem-Wille ein wesentliches Merkmal der iff-Lehrgänge auch, daß es gelungen sei, *„die Verteufelung von Autorität und der Übernahme von Führungsfunktionen"* zu relativieren, womit einerseits Schwarzweißzeichnungen aufgeweicht wurden (" Wir an der Basis sind die Guten, aber wir haben nichts zu reden, und die oben sind die Bösen") und andererseits auch Personen (insbesondere Frauen) zur Übernahme von Führungsfunktionen ermutigt werden konnten. Darüber hinaus sei ein zentrales Element des sozialen Lernens auch die Fähigkeit, zwischen personenbezogenen und strukturellen Problemen unterscheiden zu können, was wiederum eine Entlastung der Individuen mit sich brächte. Gerade in der Divergenz zwischen dem Lernen von Individuen und dem Lernen von Organisationen sieht Konrad Krainer aber ein zentrales Dilemma: Einerseits habe die Erfahrung aus den Lehrgängen gezeigt, daß diese in gewisser Weise sehr erfolgreich waren (insbesondere darin, einzelne Personen in ihrer professionellen Entwicklung zu unterstützen, wobei jene wiederum Entwicklungsprozesse an Schulen vorantrieben), andererseits habe man aber auch immer wieder Rückmeldungen erhalten, die auf deutliche Probleme, auf Abwehrmechanismen, Resignationen, auf ein Zurückziehen oder Beleidigtsein hinwiesen (wenn beispielsweise engagierte Leute in ihren Organisationen gerade wegen ihres Engagements und des Durchbrechens des Mythos der Gleichheit Schwierigkeiten bekommen). Die Bearbeitung dieser Divergenz sei insofern auch immer ein wesentliches Moment der Reflexion gewesen, innerhalb der Lehrgänge selbst, aber auch in bezug auf die Methodik des iff. Zur Illustration führt Konrad Krainer Beispiele aus dem Schulbereich an: Wenn dort nämlich nur auf Unterrichtsentwicklung gesetzt werde (die immer noch das „Hauptgeschäft" der LehrerInnen sei), könnten zwar durchaus im Klassenzimmer bessere Erfolge erzielt werden, die aber häufig ohne Auswirkungen auf die Gesamtorganisationsebene Schule bleiben. Umgekehrt gebe es aber das andere Extrem, nämlich Schulentwicklungsprogramme, in denen Rollenklärungen passieren, Strukturen neu überdacht werden, die aber nie auf die Ebene der SchülerInnen durchdringen. Insofern sei es Herausforderung und gleichzeitig Lernprozeß am iff, diesen Brückenschlag zwischen personenbezogenem und organisationsbezogenem Lernen zu gestalten. Und nach wie vor laute der Befund, daß beides gebraucht werde – also einerseits Personen, die kompetent sind, um dann beispielsweise bei Schulentwicklungsprozessen mitzumachen, andererseits aber auch ganzheitliche und organisationsbezogene Zugänge. Allerdings sei gerade in diesem Kontext zu hinterfragen, ob Universitätslehrgänge dafür tatsächlich eine adäquate Lernform sein können, wirft Ralph Grossmann ein, der eine Lösungsmöglichkeit in der engen Kooperation mit jenen Organisationen sieht, für die Lehrgänge entwickelt werden (was allerdings nur in wenigen Fällen erzielbar sei). Eine andere Möglichkeit sei diesbezüglich auch die Etablierung von Reflexionsnetzwerken (z.B. zwischen Schulen).

Zweischneidig wird am iff im Kontext der Weiterbildung auch die Frage der „Neuen Medien" gesehen. Einerseits ließen sich diese gut für die Etablierung von Netzwerken oder als Informations- und Kommunikationsstruktur nutzen, andererseits sind sich die iff-VertreterInnen weitgehend einig, daß die Hoffnung,

Thema

durch den Einsatz von Medien sowohl Inhalte transportieren zu können als auch Lehrende teilweise zu ersetzen, vor allem an der Notwendigkeit des gemeinsamen Lernens, des Erfahrung-Sammelns und des Ausprobierens scheitere. Dies gelte insbesondere für den Bereich des Erwerbs sozialer Kompetenzen, wenn auch gerade hier zunehmende Entwicklungen zu beobachten wären und natürlich den interaktiven Medien durchaus Chancen zugestanden werden (z.B. für Fernstudien, Distance-Learning, als Pool für Recherchen, Netzwerkinstallationen, Diskussionsforen etc.).

Neue Probleme als Herausforderung für eine Weiterbildungsarbeit der Zukunft

Ein weiteres Thema der gemeinsamen Reflexion war die Frage, was sich denn – neben methodischen Überlegungen – aus der vielschichtigen Weiterbildungsarbeit des iff lernen läßt, vor allem in bezug auf „neue Problemstellungen", die von TeilnehmerInnen in die Lehrgänge gebracht werden. Lassen sich also aus den *„breit gefächerten Sonden in der gesellschaftlichen Realität"* (Grossmann), die das iff allein schon durch die Arbeit in sehr unterschiedlichen Systemen zur Verfügung hat, Erkenntnisse über Prozesse der Veränderung oder über das Heraufdämmern neuer Problemlagen gewinnen?

Für den Schulbereich konstatieren Konrad Krainer und Gertraud Diem-Wille eine offenkundige Veränderung: Dort hätten sich die Kernproblemzonen deutlich verlagert, und zwar tendenziell weg von fachlich orientierten Fragen hin zu Erziehungsproblemen (beispielsweise zum Umgang mit den sogenannten Verhaltensauffälligen). Dem liege aber eine tiefergreifende Frage zugrunde, die eigentlich zum Gegenstand einer bildungspolitischen Debatte erhoben werden müßte und die Balance von fachlichen und erzieherischen Aufgaben in Schulen thematisiert. Einerseits würden Schulen als Organisationen zunehmend mit Aufgaben überfrachtet, für die sie primär nicht zuständig sind (und für welche die in ihnen arbeitenden LehrerInnen auch nicht ausreichend ausgebildet wurden), andererseits sei zu fragen, inwiefern es nicht auch die Verpflichtung der Schule sei, auf gesellschaftliche Veränderungen und damit verbundene Probleme einzugehen, beispielsweise auf einen Wandel im Bewußtsein der Menschen für Erziehung (früher wurden Kinder anders gesehen und auch behandelt, hatte Erziehung insgesamt einen anderen Stellenwert). Durch das geschärfte Bewußtsein für neue Problemstellungen (z.B. die Gesamtheit der Person) sei aber auch zu fragen, inwiefern nicht insgesamt nach Modellen zu suchen sei, wie mit Konflikten anders umgegangen werden könnte, und inwiefern Schule hier nicht ein wesentliches Handlungsfeld übernehmen könnte. Peter Heintel ergänzt einen weiteren Aspekt der Problemlage: Den heimlichen Lehrplan namens Erziehung habe es in der Schule nämlich immer gegeben, verändert habe sich allerdings in einer radikalen Form die Frage nach den dort zu vermittelnden Werten, und das Ergebnis sei – nicht nur bezogen auf die Schule – ein *„Tohuwabohu an Orientierungslosigkeit"*, auf das (wiederum nicht nur) Schulen nicht einzugehen vermögen, das aber insgesamt Selbstorientierung zunehmend erschwere.

Ein anderes Problem sei der Aufwand an Zeit, befindet Ralph Grossmann. Die TeilnehmerInnen von Weiterbildungsangeboten stünden zunehmend unter enormem Druck. Dem steigenden Problemdruck in den Organisationen (insbesondere im öffentlichen Bereich, der stark im Umbau ist) stehe immer weniger Zeit gegenüber, diesen Umbau zu gestalten: in bezug auf Entscheidungen, Reflexion und insgesamt auf Auseinandersetzung. Darüber hinaus gerieten die TeilnehmerInnen durch die Weiterbildungsangebote zunehmend unter Druck und in Widersprüchlichkeiten, wenn sie versuchten, das Gelernte in der Praxis umzusetzen (indem sie beispielsweise Zeit für Auftragsklärung, ordentliche Startmeetings oder für die Prozesse selbst einmahnen).

Ähnliches sehen Konrad Krainer und Evelyn Klein in bezug auf eine mögliche *„Engagement-Falle"*, in die AbsolventInnen von Weiterbildungsangeboten tappen können, wenn sie in ihre Systemlandschaften zurückkehren, dort Veränderungen bewirken wollen und auf jede Menge Widerstand stoßen bzw. sogar Konflikte provozieren können. Ähnliches konstatiert Ralph Grossmann, wenn er den realen Berufskontext der TeilnehmerInnen von Weiterbildungsangeboten problematisiert, in dem sie einer permanenten Gefahr der Überforderung und Überlastung ausgesetzt und im Hinblick auf ihre Persönlichkeitsanforderungen (auch im emotionalen Bereich) enorm gefordert seien. Hier sei zu überlegen, wie diese Probleme schon in Lehrgängen zu bearbeiten, wie TeilnehmerInnen auch auf mögliche Widerstände vorzubereiten wären und wie man schon von den Lehrgängen her „gegensteuern" könnte, um einerseits einem *„Verheizen der Leute"* (Grossmann) entgegenzuwirken, um aber auch andererseits der Umsetzungsarbeit in der Praxis eine Chance zu geben. Zumal gerade unbewußte Ängste häufig zu Aktionismus, zu Flucht und zur Eskalation von Konflikten führen, die wiederum auf lange Sicht Veränderungsprozesse in Organisationen verhindern können.

Neben Aktionismus und Fluchtverhalten sieht Peter Heintel noch eine dritte wesentliche Linie der Veränderung, aus der sich neue Problemstellungen ergeben haben – nämlich einen Ökonomismus, der kostenreduzierend vorgeht, einzelnen immer mehr aufbürdet und Individuen solcherart an die Grenzen des Leistbaren bringt. Daß diese dann alles ablehnen, was ihnen noch mehr Arbeit aufzuladen droht (z.B. die Teilhabe an Veränderungsprozessen, die engagierte Menschen einleiten wollen), sei wenig verwunderlich. Eine Folge davon sei ein zunehmend um sich greifender Individualismus, der nach Absicherung strebt und solcherart zu ersetzen sucht, was Organisationen und Institutionen offenbar nicht mehr anzubieten haben: Existenzsicherheit, Orientierung, Kontinui-

Thema

tät. Insofern sei das am iff gelebte Konzept von sozialem Lernen (in gemeinsamer Form die Probleme zu bewältigen) in seiner Umsetzung eher schwieriger geworden.

Und, noch weitgehender und umfassender zugleich, wirft Peter Heintel die Frage auf, ob nicht im Zusammenhang mit Weiterbildung auch Gesamtsystemfragen zu stellen seien – wie beispielsweise die der Unterwerfung unter Prämissen der Ökonomie. Für die Weiterbildung am iff müßte das bedeuten, sich auf eine der wesentlichsten Qualitäten zurückzubesinnen: Ralph Grossmann nennt sie Metareflexion. In ihr müßten notwendig Wertefragen und übergeordnete gesellschaftstheoretische Betrachtung Platz haben, um Weiterbildung nicht der Ausbildung von *„Modernisierungsagenten"* im Sinn herrschender Systemlogiken zu unterwerfen.

Am iff hat Weiterbildungsarbeit Tradition. Nach mehr als 20 Jahren lautet ein Befund, daß richtige Wege beschritten wurden. Wege, die Menschen in institutionellen wie in gesellschaftlichen Veränderungsprozessen stärken konnten und ihnen Instrumentarien zur Mitgestaltung derselben zur Verfügung gestellt haben. Der andere Befund aber lautet, daß dem fortschreitenden Wandel der Gesellschaft und ihrer zunehmenden Ausdifferenzierung auch in Zukunft nur mit veränderten Lernangeboten adäquat zu begegnen sein wird. Daß zur Weiterarbeit im Dienst einer Weiterbildung entlang gesellschaftlich relevanter Problemfelder genug Anlaß besteht, scheint am iff allerdings ohnehin niemand zu bezweifeln.

Klaus Scala

Wissenstypen und ihre Verknüpfung

Über die eminente Bedeutung von Wissen besteht kein Zweifel. Was verstehen wir aber eigentlich unter „Wissen"? Was ist relevantes Wissen? Neben dem neuzeitlich vorherrschenden Wissenstypus, der die strenge Subjekt/Objekt-Trennung zur Basis hat (Expertenwissen), sind das Wissen, das aus Selbst- und Fremdbeobachtung (Reflexion) resultiert, sowie jenes um die Logik von (Arbeits- und Lern-)Prozessen elementar. Eine sinnvolle Verknüpfung dieser drei stellt sich als Herausforderung dar.

Die Bedeutung von Wissen und lebenslangem Wissenserwerb nimmt zu. Dies ist weithin unbestritten. Schwierig wird es in dem Augenblick, in dem man zu klären versucht, was genau unter „Wissen" zu verstehen und wofür es zu gebrauchen ist. Die Auseinandersetzung mit Wissen boomt, und dies dürfte nicht bloß eine kurzlebige Mode sein, sondern einen unumkehrbaren Trend signalisieren. Die Rede von der Wissensgesellschaft benennt neben anderen Schlagwörtern wie „Wissensmanagement", „intelligente Produkte", „Wissen als entscheidender Erfolgsfaktor" etc. das Ende des Monopols des Wissenschaftssystems auf die Erzeugung und Verwaltung von Wissen. Der Marktplatz für Expertise hat seine Schleusen geöffnet, die Wissenschaftsorganisationen sind Akteure unter anderen. Wie sie sich dort bewähren werden, was ihr spezifischer Beitrag sein kann, dies wird nicht zuletzt davon abhängen, wie es ihnen gelingt, den eigenen Wissensbegriff zu reflektieren, auf die aktuelle Entwicklung zu beziehen und die Richtung zu finden, in die die eigene Tradition weiterzuentwickeln ist.

Wissen hat im Lauf der Geschichte viel an Zauber verloren: Ursprünglich von Gott und Göttern gegebene Wahrheit, war es lange wohl gehütetes Privileg von Gelehrten und Herrschern. Mit dem Prinzip empirischer Überprüfbarkeit am Beginn der Neuzeit setzte ein demokratischer Entwicklungsschub ein. Mit der gigantischen Wissensproduktion und der zunehmenden Spezialisierung hat sich jedoch das egalitäre Moment der neuen Wissenschaft als real schwer einlösbar erwiesen, Expertokratie ist eingekehrt. Bald trat auch die Frage nach der Nützlichkeit in den Vordergrund. Heute spricht man von Wissen als entscheidendem Kapital, womit die parallele Funktion von Wissen und Kapital in der Industriegesellschaft offenkundig wird. Wissen ist heute primär zum Gebrauchsgut geworden – Wert tendenziell steigend.

Die durch den Computer ins Unermessliche gestiegene Möglichkeit der Datenproduktion hat den Nutzen des Wissens dramatisch problematisiert. So hat

Thema

man entdeckt, dass Wissen auch schaden kann, und dies mit hoher Wahrscheinlichkeit, wenn man sich vor der unendlichen Datenflut nicht der kniffligen Frage nach der richtigen Auswahl stellt. Welchen Nutzen bringt welches Wissen? Wer braucht welches Wissen, wer hat welchen Nutzen? Wie unterscheide ich zwischen nützlichem und schädlichem Wissen? Was bedeutet das weite Gebiet des Nichtwissens, das sich gerade dadurch vermehrt, dass manches von einigen wenigen besser gewusst wird? Wie ist die Rolle der Experten definiert, wie die Beziehung zwischen Experten und Laien? Was macht man, wenn sich der Beobachtungsgegenstand durch die Beobachtung verändert? Die Antworten auf all diese Fragen haben auch entscheidende Konsequenzen für die Beantwortung der Frage, die hier im Mittelpunkt des Interesses steht: Welche Rolle kommt dabei wissenschaftlicher Bildung zu? Wie kann Wissen vermittelt werden? Oder ist der Begriff der „Wissensvermittlung" überhaupt angemessen für die hier angerissene Thematik? Wie können sich Weiterbildungsaktivitäten auf unterschiedliche Wissenstypen einstellen? Diese Fragen sollen anhand einiger diese Problematik erhellender Wissenstypen untersucht werden. Wissenschaftliche Weiterbildung hat immer mehrere Register parallel zu ziehen.

Wissen – generiert durch Beobachtung von außen

Gehen wir zunächst vom bekanntesten Wissenstypus aus, wie er dem Selbstverständnis der meisten Wissenschaften zu Grunde liegt. Das klassische Wissensverständnis geht davon aus, dass Wissen durch die Untersuchung eines Gegenstands oder Sachverhalts (Objekt) durch einen Beobachter (Subjekt) generiert wird. Es entsteht durch die Beobachtung eines externen Beobachters. Die Methode der Erkenntnisgewinnung ist darauf ausgerichtet, dass die Beobachtungen nachprüfbar, d.h. idealiter unter Erwartung desselben Ergebnisses wiederholbar sind. In dem Maß dies gelingt, kann von wissenschaftlich verlässlichen Ergebnissen gesprochen werden.

Obwohl diese Methode der Erkenntnisproduktion als Paradigma wissenschaftlichen und damit bestbegründeten Vorgehens gilt, gerät sie in große Schwierigkeiten, wenn man sie genau analysiert. Es wird unterstellt, dass beobachtendes Subjekt und beobachtetes Objekt zwei voneinander getrennte Wirklichkeiten sind, eine Grundannahme, die zwar pragmatische Vorteile bringt, jedoch das Zustandekommen von Erkenntnis nicht erklären kann. Die Philosophie ist seit Jahrhunderten nicht müde geworden, die erkenntnistheoretischen Grundlagen dieses Paradigmas zu problematisieren und zu verdeutlichen, dass es sich bei dieser Trennung von Subjekt und Objekt um eine gedankliche, d.h. fiktive Abstraktion handelt, die zwar pragmatisch Sinn macht, sich jedoch bewusst davon befreit, Erkenntnis als solche erklären zu können bzw. zu wollen. Denn was einmal getrennt gedacht wird, lässt sich später nicht mehr zusammenfügen. Dieses Erkenntnismodell von Subjekt und Objekt hat gerade dort eine fundamentale Schwäche, wo innerhalb des Wissenschaftsbetriebs Stärke postuliert wird: in der Argumentation des Begründungszusammenhangs.

Es interessieren jedoch noch andere Aspekte: Die Wissenschaftlichkeit der Methode wird nicht zuletzt dadurch hergestellt, dass man die Brille des Beobachters auf einige wenige Dimensionen einstellt, um dadurch innerhalb dieses Beobachtungsspektrums optimale Schärfe zu erzielen. So hat die wohl wirkungsvollste Brille, die Zahl, die Wissensproduktion in den letzten Jahrhunderten am stärksten beeinflusst. Die Welt in der Sprache der Mathematik zu beschreiben, lautete Galileos Programm, und in der Kunst der Quantifizierung haben wir es sehr weit gebracht. Dieser Vorteil wird jedoch mit dem gravierenden Nachteil eines hoch selektiven Filters erkauft. Viel fällt aus der Wirklichkeit heraus. Dies gilt auch dort, wo man methodisch über die reine Messung hinausgeht. Allein die Möglichkeiten von Dokumentation und Darstellung von Daten sind enorm beschränkt: Zahlen, Sprache und Bilder. Was nicht in diese Formen gefügt werden kann, ist als erkenntnisbereicherndes Datum nicht überlebensfähig. Dies bedeutet, dass z.b. Dimensionen emotionaler Intelligenz (Goleman) nicht existent sind bzw. erst dann wahrgenommen werden können, wenn sie in Zahlen, Sprache und Bildern beschreibbar gemacht werden. Es stellt sich die Frage, welche Abstriche, Verzerrungen und Verluste sowohl in der Wahrheitsfindung als auch in der Nutzung damit verknüpft sind.

Ein ganz wichtiges Charakteristikum dieser Methode der Wissensgenerierung besteht darin, dass der beobachtete Gegenstand durch die Beobachtung nicht verändert wird und auch nicht verändert werden soll. Es ist dies ein deklariertes Ziel, die Forschungsmethode auch entsprechend anzulegen. Denn nur so kann verlässliches und verallgemeinerbares Wissen garantiert werden. So wird auch die Leitidee dieser Art wissenschaftlicher Erkenntnisgewinnung sichtbar: Es geht um eine möglichst perfekte und störungsfreie Beherrschbarkeit der Welt; ein Anliegen, dem die Energie wohl kaum je ausgehen wird. Ein unschätzbarer Vorteil dieses so produzierten Wissens liegt auch darin, dass der Nutzen allen zugute kommt, auch jenen, die sich nicht kundig machen. Um täglich unsere „intelligenten" Produkte zu bedienen, genügen die Gebrauchsanweisungen; wie sie im Detail funktionieren, braucht uns nicht zu kümmern.

Damit ist auch der Vorteil verknüpft, dass der Wissensbestand in stabile Pakete geschnürt und so weitergereicht werden kann. Die Frage nach der Vermittlung kann sich daher darauf beschränken, wie man einen fix vorgegebenen Inhalt in den Kopf hineinbekommt – durchaus keine leichte Aufgabe, jedoch vergleichsweise einfach gegenüber anderen, weniger klar fassbaren Inhalten, zumal sich der Erfolg leicht kontrollieren lässt. Ebenso klar ist die Rolle des Experten. Er ist der Wissende und gibt dieses Wissen an die Unwissenden weiter. Wissensproduktion im Expertenkreis und die Weitergabe sind zwei getrennte Vorgänge. Die Kritik an diesem Modell ist bekannt: Es unterstellt die Brauchbarkeit der angebotenen Ware und vernachlässigt den eigentlichen Wissensbildungsprozess bei den Lernenden. Metaphern wie der Nürnberger Trichter oder das Weiterreichen von Paketen treffen die Wirklichkeit nicht.

Zur Präzisierung hilfreich ist die Differenzierung zwischen Daten einerseits und Information bzw. Wissen andererseits (Willke). Daten sind nur der Rohstoff; ob Daten auch informativ sind oder nicht, hängt davon ab, ob ihnen Relevanz zugesprochen wird oder nicht. Information ist nach einer klassischen Definition (Bateson) ein Unterschied, der einen Unterschied macht, also ein bedeutsamer Unterschied. Bedeutsamkeit an sich gibt es nicht, sie ist systemabhängig. Was für den einen bedeutsam ist, mag für den anderen irrelevant sein. Begriffe wie Informationsaustausch oder Wissenstransfer vernebeln die Problematik, sie unterstellen dieselben Relevanzkriterien für unterschiedliche Systeme. Hin und her geschoben werden nur Daten; Information und Wissen können nicht importiert, sondern nur innerhalb eines Systems produziert werden.

Abgesehen von der ungelösten Problematik des Wissenstransfers hat dieses Modell in anderer Hinsicht enge Grenzen: Die Methode funktioniert eben nur dort, wo der Einfluss der Beobachtung auf den Untersuchungsgegenstand ausgeschaltet oder ohne Risiko vernachlässigt werden kann. Das weite Feld selbstbeobachtender Systeme bleibt jedoch aus dem Wirklichkeitshorizont ausgeklammert oder es wird zumindest von der Dimension der Selbstbeobachtung abstrahiert. Auch damit kann man in einem gewissen Rahmen erfolgreich Wissenschaft betreiben, wie z.B. die Medizin vorexerziert. Soll es jedoch nicht bei einer bewussten Reduktion des Beobachtungsfokus bleiben, so müssen wir uns auf die Suche nach einem Wissenstypus machen, der das Prinzip der Selbstbeobachtung konsequent integriert und nutzt. Manche sprechen von „weichen" und „harten" Wirklichkeiten und meinen damit den Unterschied zwischen Wirklichkeiten, die sich durch die Beobachtung verändern, und solchen, die davon unberührt, d.h. hart bleiben. „Weich" soll jedoch nicht heißen „vage definierbar", „nicht genau erfassbar", oder „schwammig" – im Gegenteil: Gesucht ist ein Wissenstypus, der das Faktum der Selbstbeobachtung ernst nimmt.

Wissen – generiert durch Selbst- und Fremdbeobachtung

Selbstbeobachtende Systeme in dem hier vorgestellten Sinn sind Individuen und soziale Systeme. Wie kann sich wissenschaftliche Beobachtung darauf einstellen? Sie kann nicht darauf verzichten, die Selbstbeobachtung sozialer Systeme als wesentliches Charakteristikum sowie den verändernden Einfluss von Erkenntnis mit ins Kalkül zu ziehen. Sowohl die Beobachtung von außen als auch die Selbstbeobachtung sorgen dafür, dass die Systeme nicht so bleiben, wie sie sind. Das führt zu dem Dilemma, dass sich Erkenntnisse dadurch, dass sie gemacht werden, relativieren. Auf Umfragen basierende Wahlprognosen erweisen sich als falsch, weil sie gemacht wurden. Eine Gruppe, die erkennt, dass sie mit Vereinbarungen sehr unverbindlich umgeht, steht vor der Entscheidung, dies zu ändern oder zu belassen. Dies impliziert eine radikale Relativierung von dem skizzierten Paradigma der Subjekt/Objekt-Differenz und damit auch einen Abschied von der Beherrschbarkeit. Bezogen auf die Anwendung von Erkenntnis und Wissen liegt der Sinn in der Steigerung der Selbstbeobachtungs- und Selbststeuerungsmöglichkeiten von sozialen Systemen.

In den angewandten Sozialwissenschaften hat man sich schon früh mit diesem besonderen Typus der Wissensgenerierung auseinander gesetzt. So hat etwa die Forschung zur Gruppendynamik bereits in ihrer Gründungsgeschichte in den 40er-Jahren die genannten Gesichtspunkte zum Kernstück ihres wissenschaftlichen Selbstverständnisses gemacht. Die zunächst störend erscheinende Tatsache, dass die Beobachtung das beobachtete System verändert und somit die jeweils gemachten Erkenntnisse relativiert, wurde ins Positive gewendet: Die Wirkung des Wissens wird im Sinn einer Beförderung der Selbststeuerung des Systems genutzt. In der klassischen Lernform der Gruppendynamik, der Trainings-Gruppe, treibt die Selbstreflexion der Gruppe die selbst gesteuerte Gruppenentwicklung voran. Die durch die Beobachtung produzierten Daten werden vor Ort auf ihre Relevanz für die Beteiligten geprüft und danach selektiert, gemeinsames Wissen wird generiert. Wissen ist unmittelbar mit seiner Wirkung verknüpft. Darüber hinaus ist diese Form der Selbstbeobachtung auch im Hinblick auf das empirische Datenmaterial einer Beobachtung durch einen externen Beobachter überlegen. Quantitativ und qualitativ: Mehrere sehen mehr als ein oder zwei Beobachter, und über wichtige Dimensionen des Gruppenprozesses wie z.B. die Gefühlsebene kann die Gruppe authentisch Auskunft geben. Zudem werden die Beobachtungen der einzelnen Gruppenmitglieder zusammengetragen, gemeinsam geprüft und verdichtet. Eine externe Beobachtung kann durch den Vergleich mit der Selbstbeobachtung eine zusätzliche Qualität einbringen sowie den Erkenntnis- und Lerngewinn bereichern.

Der Verlagerung der Beobachtung von außen nach innen entspricht die Verlagerung der Steuerung von außen nach innen, d.h. Selbststeuerung. Diese Fokusverschiebung empfiehlt sich einerseits aus den angeführten wissenschaftstheoretischen Überlegungen, jedoch auch aus Gründen der aktuellen gesellschaftlichen Entwicklung: Es ist ein Verlust bzw. ein merklicher Rückgang an zentraler gesellschaftlicher Steuerung beobachtbar. Politik ist mehr eine Vermittlungsagentur zwischen den unterschiedlichen gesellschaftlichen Subsystemen; der Einfluss von Großorganisationen, die zugleich ein Weltbild vermitteln, ist drastisch zurückgegangen.

Thema

Die Rolle der Expertin unterscheidet sich bei diesem zweiten Wissenstypus fundamental von der Rolle im ersten. Im Produzieren von Wissen durch die Betroffenen auf der Basis ihres Know-how gibt es keinen Wissensvorsprung von Experten. Sie sind am Beginn so unwissend wie alle anderen. Dennoch macht Expertise Sinn, wenn sie sich auf *den Prozess der Wissensproduktion* bezieht und Kompetenz einbringt, diesen zu unterstützen. Expertise meint hier Know-how in einem ganz speziellen, nachfolgend beschriebenen Wissenstypus.

Wissen um die Logik von Lern- und Entwicklungsprozessen

Erfahrungen zeigen, dass Expertise in der Leitung von selbstreflexiven Arbeitsprozessen eine ganz entscheidende Rolle für den Erfolg oder Misserfolg spielt. Gerade weil sich Expertise nicht auf inhaltliche Fachkompetenz stützt und daher auch bestimmte, außer Streit gestellte Inhalte als Orientierung fehlen, braucht es ein stärkeres Engagement in der Steuerung des Arbeitsprozesses. Die Kompetenz, jene Rahmenbedingungen herzustellen, die es Individuen und sozialen Systemen ermöglichen, Wissen aus sich heraus zu generieren, zu selektieren und zu nutzen, ist von fundamentaler Wichtigkeit. Es mag paradox klingen, dass Prozesse, die auf Selbstbeobachtung und Selbststeuerung angelegt sind, Führung und Autorität brauchen. Eine ganz wesentliche Funktion von Führung dabei ist es, die Kompetenz zur Selbststeuerung der Betroffenen zu fördern und damit auch die eigene Sonderrolle schrittweise abzubauen. In dem Terminus „schrittweise" steckt differenziertes Prozesswissen, auf das es hier ankommt.

Es handelt sich um einen komplexen Wissenstypus, der sich im Wesentlichen aus drei Komponenten konstituiert, die es situativ zu koordinieren gilt: Eine Kompenente liegt sicherlich in dem mitgebrachten Wissen, basierend sowohl auf der persönlichen Erfahrung als auch auf den verallgemeinerbaren Erfahrungen der Scientific community in Sachen „Prozesslogik" (Wissenstypus 1). Dieses Wissen kann jedoch nur dann sinnvoll genutzt werden, wenn es mit einer diagnostischen und analytischen Kompetenz, individuelle Systeme in ihrem ganz eigenen Prozess wahrzunehmen, verknüpft wird. Zur Geltung kommt Prozesswissen jedoch erst dann, wenn die beiden Komponenten Erfahrungswissen und Diagnosekompetenz in Handlungen und wirksame Interventionen umgesetzt werden.

Die Komplexität dieses Prozesswissens steigt mit der Komplexität der beteiligten selbstbeobachtenden Systeme: Individuen, Gruppen, Organisationen, Netzwerke. Auf der Ebene von Organisationen wird das Prinzip der Wissensgenerierung auf der Basis der Selbstbeobachtung zu einer sehr anspruchsvollen Aufgabe. Für viele Organisationen ist es eine Notwendigkeit für das eigene Überleben, über sich im Verhältnis zu den Umwelten Bescheid zu wissen, die

Potenziale und das Know-how der Mitglieder zu kennen und nutzen zu können sowie über Mechanismen zu verfügen, die eine laufende Selbstbeobachtung und Selbstauswertung leisten. Dazu braucht es ein maßgeschneidertes und kunstvoll aufgebautes Wissensmanagement. Eines der Probleme, die sich dabei stellen, betrifft die Frage der Relevanz: Welche Daten bilden die Grundlage für relevantes Wissen, welche landen jeweils auf Datenfriedhöfen? Nach welchen Kriterien werden Daten selektiert und generiert, die als Wissensbasis für Entscheidungen dienen?

Ein Kernproblem, das in Organisationen gelöst werden muss, aber auch in der berufsbezogenen Weiterbildung eine zentrale Rolle spielt, liegt in der Beziehung zwischen dem Lernen von Personen und von Organisationen. Letztere sind heute mehr denn je darauf angewiesen, dass das Wissen ihrer Mitglieder nicht in den einzelnen Köpfen bleibt, sondern in den „collective mind" Eingang findet. Das bedeutet, dass Organisationen das Fachwissen ihrer Mitarbeiter voll nutzen können; es heißt aber auch, dass die Organisation als solche in ihrer Arbeitsorganisation, in ihren Verfahren und Entscheidungsmechanismen so intelligent agiert, dass sich das Know-how der Mitarbeiter darin wieder findet. Auf der anderen Seite ist es auch ein großes Bedürfnis der Beschäftigten, ihre Kompetenzen in die Organisation einzubringen. Die Erfahrungen aus der Weiterbildung am iff bezeugen sehr drastisch die Schwierigkeiten und Mühsale von Teilnehmern, den eigenen Lernprozess ein Stück weit in die eigene Organisation zu tragen. „Wie kann ich Wissen und Kompetenz, die ich mir in der Weiterbildung aneigne, an meinem Arbeitsplatz auch anwenden? Ist die Organisation daran interessiert? Wie kann ich die Organisation dafür interessieren?" Diese Fragen begleiten als Dauerbrenner alle berufsbezogene Weiterbildung. Das plausible Postulat, dass Mitarbeiter und Organisation sich wechselseitig ihr Wissen verfügbar machen sollen, ist leicht gesagt, jedoch schwer getan. So vertraut uns das Feld des Lernens von Personen ist, so sehr steckt das Know-how, wie Sozialsysteme lernen und wie persönliches Lernen mit dem Lernen des Systems verknüpft werden kann, noch in den Kinderschuhen.
Angesichts der vielen Aufgaben und Ansprüche, die durch einen intelligenten Umgang mit Wissen eingelöst werden sollen, ist die Frage, welchem Wissenstypus der Vorrang zu geben sei, obsolet. Hie harte Fakten, da Selbstreflexion – das ist nicht die Alternative.

Settings schaffen, verschiedene Wissenstypen verknüpfen

Gefragt ist ein neuer Wissenstypus, der bestehende Modelle, Typen und Traditionen kombiniert, der in Neuland vorstößt, um das Lernen von Personen und sozialen Systemen zu verknüpfen. Dazu braucht es die Verknüpfung der bereits vorgestellten Erfahrungsebenen. Es gilt, das allgemein gültige Datenmaterial, das die klassisch-empirische Methode bereitstellt, zu nutzen und zugleich in

Thema

Beziehung zu setzen mit dem mitgebrachten persönlichen Erfahrungswissen der beteiligten Personen. Besonders befruchtend ist die systematische Auswertung der Erfahrungen aus dem gemeinsam durchlaufenen Lernprozess: Wissensgenerierung durch Selbstbeobachtung.

Die Verknotung verschiedener Erfahrungsebenen, das Zusammentragen und Selektieren von Daten, das Einbinden unterschiedlicher Sichtweisen, dies alles sind wichtige Elemente einer modernen Lernorganisation. Die schwierigste Arbeit in der Wissensproduktion – in Weiterbildungsaktivitäten, in den Organisationen, in der interdisziplinären Zusammenarbeit – besteht jedoch darin, wie eine Fülle von Daten, individuellen Sichtweisen und Erfahrungshintergründen tradierte Wissensbestände reflektiert und in ein gemeinsames Wissen transferiert wird. Die Knochenarbeit in Arbeitsgruppen, Teams und Projekten besteht genau darin, Relevanzkriterien zu erarbeiten, die für alle gelten, Verbindlichkeit herstellen können und so gemeinsames Wissen schaffen.

Konrad Krainer, Klaus Scala

Design von Weiterbildung als kritisches Element

Weiterbildung ist ein Interaktionsprozess, eingebettet in einen sozialen, organisationalen und kulturellen Kontext. Ihre Komplexität macht eine kontinuierliche Reflexion der Methoden notwendig. Dies kann mitunter zu einer radikalen Änderung des Designs führen. Über die Designgestaltung von Weiterbildung am Beispiel von zwei konkreten Projekten am iff.

Manchmal kommt man in Versuchung, sie wirklich zu beneiden – die schnellen PlanerInnen von Seminaren und Lehrgängen: Der TeilnehmerInnenkreis und das Team stehen fest, das Thema und die einzelnen Inhalte sind vorweg definiert, die Ziele sind allen hinlänglich bekannt, Zeit, Ort, Verpflegung und Unterbringung sind bewährt. Es geht eigentlich „nur" noch darum, die „passenden" Methoden für das Seminar oder den Lehrgang „einzusetzen".

Eine solche Sichtweise legt die Annahme nahe, das Design von Weiterbildung wäre die letzte „Unbekannte", die man nach der Klärung der Frage der Ziele, Inhalte, Personen und Rahmenbedingungen aus ebendiesen lediglich ableiten müsste. Die Erfahrung lehrt jedoch, dass hinter dieser Idee des „Einsetzens" eine latente Unterschätzung der Bedeutung von Designs und der Notwendigkeit permanenter Methodenreflexion steckt. Designüberlegungen gehören keineswegs zu den „nachgeordneten" Entscheidungen bei der Gestaltung von Weiterbildung, sondern sie bilden den Bezugspunkt für die anderen Elemente. In der Wahl der Methoden steckt das Gelingen des Ganzen, geht es doch darum, Ziele, Inhalte, Themen, Personen, Kontext und Rahmenbedingungen aufeinander zu beziehen und abzustimmen. Jede Auseinandersetzung mit der Frage des „Wie?" – nenne man es die Wahl der Methoden, die didaktische Herangehensweise, die Gestaltung der Seminararchitektur, die Planung des Designs etc. – erzeugt eine eigene Lern-„Wirklichkeit". Das Design beeinflusst ganz wesentlich die Möglichkeiten der Lernenden, sich – aufbauend auf ihrem inhaltlichen und sozialen Erfahrungshintergrund – mit der Thematik eigenständig auseinander zu setzen und für sie relevantes Wissen selbst zu erarbeiten. Je vielfältiger das Lernsetting gestaltet und je mehr Eigenverantwortung für das Lernen vorgesehen ist, desto besser gelingt es, das mitunter sehr heterogene Vorwissen und Interesse der Lernenden zu aktivieren und sie dort „abzuholen", wo sie sich befinden. Gemeinsames Weiterdenken wird angeregt, Ziele und Inhalte werden in modifizierter Form zu „eigenen Zielen und Inhalten" der Lernenden. Dazu braucht es einen angemessenen Raum zur gemeinsamen Reflexion aller Beteiligten über Lernprozess und Design, um sich so den Lerninteressen flexibel anpassen sowie Partizipation und Mitverantwortung für die Steuerung des Geschehens schaffen zu können.

Thema

Settings und Designs geben auch Auskunft über Relevanz und Wirkung von Weiterbildungsaktivitäten für den beruflichen Alltag. Der Transfer von Lernerfahrungen auf Seminaren in den Kontext der Heimorganisation ist ein häufig unterschätztes Problem von Weiterbildung. Oft behilft man sich mit dem Vertrauen, die TeilnehmerInnen würden das Gelernte schon irgendwie umsetzen. Die Erfahrungen rechtfertigen jedoch dieses Vertrauen meist nicht. Nur zu oft holt der Alltagstrott die heimgekehrten TeilnehmerInnen ein; mitgebrachte Impulse verlaufen sich im Sand. Der Transfer ist daher selbst eine entscheidende Dimension für das Planen und die Designgestaltung einer anspruchsvollen Weiterbildung.

Die folgenden Abschnitte setzen sich vor diesem Hintergrund mit der Designgestaltung von Weiterbildung in exemplarischer Form anhand zweier unterschiedlicher Weiterbildungsprojekte des iff auseinander: Das erste Beispiel stammt aus einer kontinuierlichen Fortbildung für eine Mathematiklehrergruppe einer Schule, das zweite aus einem Seminarmodul des Universitätslehrgangs „Politische Bildung". Der gemeinsame Fokus liegt auf der Beachtung des Transfers. Dafür werden zwei unterschiedliche „Lösungsmodelle" vorgestellt: Im ersten Fall wird die Weiterbildung in den beruflichen Kontext hinein gestellt, und so können aktuelle Probleme der Zusammenarbeit vor Ort bearbeitet werden. Die Differenz von Lernkontext und Umsetzungskontext wird „aufgehoben". Dabei muss man jedoch – wie das erste Beispiel zeigt – auch auf die Herausforderung eingehen, dass mitgebrachte Kooperationsprobleme der TeilnehmerInnen unversehens und unumgehbar mitten im Seminargeschehen auftauchen. Das zweite Beispiel stammt aus einem „klassischen" Seminarsetting: Die TeilnehmerInnen kommen aus unterschiedlichen Schulen und haben im Berufsalltag nichts miteinander zu tun. Es wird gezeigt, welche Möglichkeiten in einem solchen Setting bestehen, den Transfer in den Schulalltag zu unterstützen.

Beispiel 1:
Eine neue Ausgangslage erfordert ein neues Seminardesign

Eine Lehrerin eines österreichischen Gymnasiums hatte Mitte der 80er-Jahre den iff-Hochschullehrgang „Pädagogik und Fachdidaktik für LehrerInnen" (PFL) für das Fach Mathematik besucht. Zehn Jahre später, inzwischen Administratorin ihrer Schule geworden, bahnte sie eine Kooperation mit dem iff an, um eine Unterstützung für die Weiterentwicklung an ihrer Schule zu erhalten. Im Rahmen der Zusammenarbeit wurde u.a. ein zweieinhalbtägiges Seminar für die MathematiklehrerInnengruppe dieser Schule durchgeführt, dem – wie in den PFL-Lehrgängen – eine „Lehrer als Forscher"-Philosophie zu Grunde gelegt wurde. In der Folge wurden zwei weitere eineinhalbtägige Seminare vereinbart, die beide wiederum an der Schule durchgeführt wurden. Im dritten Seminar sollte es schwerpunktmäßig um alternative Formen der Leistungsbeurteilung gehen. Aber es kam ganz anders als geplant.

Die zehnköpfige LehrerInnengruppe und das BetreuerInnenduo saßen wie gewohnt um zwei große Tische in der Bibliothek der Schule. Wie jeweils zuvor, gelang es der Administratorin, alle LehrerInnen im Unterricht durch andere KollegInnen vertreten zu lassen; wie üblich waren Flipchart und Stifte an ihrem Platz, wie immer gab es einen vorher ausgehandelten, schriftlich festgelegten und relativ detaillierten Seminarplan, und wie gewohnt begann das Seminar mit einer kleinen Einheit, in der die einzelnen TeilnehmerInnen ihre Erwartungen an das Seminar und andere persönliche Anregungen, Wünsche oder für ihre Mitarbeit wichtige Befindlichkeiten mitteilen konnten. Während in dieser ersten Seminareinheit bisher zumeist kleinere Nachfragen, Hinweise und Wünsche dominiert hatten, war diesmal nach einigen Minuten klar, dass dieses Seminar nicht „wie geplant" ablaufen konnte. Aus mehreren Wortmeldungen wurde deutlich, dass es in der Gruppe einen Konflikt gab. Was war geschehen?

Ein Lehrer hatte die Mathematikklasse einer Kollegin bzw. ihrer Praktikantin übernommen und war überzeugt, diese Klasse sei leistungsmäßig die schwächste, die er je gehabt hatte. Solche Situationen sind kein Einzelfall und gehören zu den unangenehmsten Dingen im Lehrberuf. Häufig werden solche Konflikte, die zumeist auf unterschiedlichen Wertvorstellungen von Unterricht und Erziehung beruhen, indirekt ausgetragen, laufen über viele informelle und wenig transparente Kanäle bis hin zu den Lernenden, den Eltern und der Schulbehörde und haben einen hemmenden Einfluss auf die professionelle Kommunikation und das soziale Klima einer Schule. Noch gibt es wenige Schulen, in denen Kommunikationsstrukturen aufgebaut sind, um solche – eigentlich natürliche – Wert- und Interessenkonflikte in einem geschützten Rahmen professionell zu besprechen und daraus zu lernen.

Gemeinsam mit dem BetreuerInnenduo entschied die Gruppe, das geplante Programm abzuändern und den aufgetauchten Konflikt zu bearbeiten. Es wurde versucht, ein besseres Verständnis der Situation zu erlangen, zunächst hauptsächlich durch Zuhören, welche unterschiedlichen Sichtweisen die beiden Hauptbetroffenen einzubringen hatten. Hierfür wurde ein so genanntes „Analysegespräch" praktiziert, in welchem die TeilnehmerInnen u.a. drei Grundregeln zu berücksichtigen hatten: Es war nur erlaubt, Fragen zu stellen, keineswegs aber Vor- oder Ratschläge zu machen (man beachte den Wortteil „Schläge"!) oder Kritik zu üben. Die letzten beiden sollten erst dann in die Diskussion eingebracht werden, wenn ein genügend differenziertes Bild der Situation entstanden war. Erfahrungsgemäß entstehen immer weniger Vor- oder Ratschläge und Kritik, je klarer die TeilnehmerInnen die Einmaligkeit und Situationsspezifität des Problems erkennen und ihnen bewusst wird, dass ihre persönlichen „Geschichten" und eigenen „Patentlösungen", die ihnen unmittelbar nach den ersten Schilderungen der Situation einfielen, bei näherem Hinsehen eigentlich wenig geeignet sind, die Situation für die Betroffenen zu verbessern.

Thema

Nach dem Analysegespräch wurde die weitere Bearbeitung des Konflikts in der Gruppe besprochen. Es zeigte sich, dass den SchülerInnen eine zentrale Rolle zukommt und es wichtig wäre, ihre Sichtweise des Problems zu erfahren. Daher wurde vereinbart, dass alle nicht unmittelbar in den Konflikt verwickelten Gruppenmitglieder Interviews mit SchülerInnen dieser Klasse durchführen und die Ergebnisse schließlich der gesamten Gruppe präsentieren sollten. (Es sei angemerkt, dass es für das Design dieser Einheit entscheidend war, dass die Weiterbildung an der Schule selbst stattfand und damit die SchülerInnen als Ressource einbezogen werden konnten.) Während die eine Betreuerin der Gruppe die Interviewaktivitäten unterstützte, führte der andere Betreuer ein erweitertes Gespräch mit den beiden Hauptbetroffenen. Die Analyse und Präsentation der Daten brachte neue Sichtweisen zu Tage; u.a. wurde auch deutlich, dass den SchülerInnen das Problem sehr bewusst war und von ihrer Seite auch Anstrengungen unternommen wurden, der Herausforderung konstruktiv zu begegnen. Für die Präsentation stellte eine Interviewgruppe auf einem Plakat eindrucksvoll schematisch dar, wie die Bemühungen der Lehrperson und der Klasse – auf Grund zu wenig ausgeprägter direkter Kommunikation über das Thema – trotz bester Intention mehr oder weniger aneinander vorbei gingen. Insgesamt brachte die Besprechung des Konflikts eine Erweiterung der Denk- und Handlungsweisen für die beiden Hauptbetroffenen; aber auch die anderen Lehrpersonen gaben verschiedenste Ebenen an, auf denen sie dazugelernt hatten. Dies reichte von der Neueinschätzung vergangener oder laufender ähnlicher Konfliktsituationen bis zur Feststellung, dass es für die Gruppe wichtig war, gemeinsam eine größere Herausforderung bewältigt zu haben. Mehrfach wurde betont, dass das gegenseitige Vertrauen nun nochmals erhöht wurde.

Nach dieser Einheit, in der es vor allem um soziale Beziehungen und eher weniger um inhaltliche Überlegungen ging, war das Interesse an inhaltsbezogenen Fragen ziemlich groß. Das Thema „Alternative Formen der Leistungsbeurteilung" passte diesbezüglich gut und hatte auch noch den Vorteil, dass es mit der vorangehenden Einheit eine wichtige didaktische Hintergrundfrage gemeinsam hatte, nämlich die Frage, welche Art mathematischen Wissens zentral sei und daher bei Leistungsbeurteilungen im Vordergrund stehen sollte. Die Art und Weise von Leistungsbeurteilungen – man könnte fast von einem „Sage mir, wie du prüfst, und ich sage dir, wie du unterrichtest" sprechen – konstituiert gewissermaßen eine soziale Norm, was als „gute" bzw. „schlechte" Leistung eines/ einer Lernenden oder der ganzen Klasse zählt. Die Prüfungskultur hat entscheidenden Einfluss auf das Denken und Handeln der Lernenden, da zumeist vorrangig das gelernt wird, was später geprüft wird. Die kritische Reflexion dieses Handels „Leistung gegen Note" und die Frage, wie eigenes Interesse am Lerngegenstand geweckt und die Freude und Fähigkeit an der Beurteilung von eigenem Wissen gestärkt werden kann, stellen zentrale Momente der Auseinandersetzung mit schulischem Lernen dar. Der Vollständigkeit halber sei ergänzt, dass das Thema „Alternative Formen der Leistungsbeurteilung" in dieser Gruppe auf Interesse stieß. Einige Mitglieder führten Unterrichtsversuche durch; die Erfahrungen aus dem Seminar und den eigenen Versuchen wurden im Jahresbericht der Schule niedergeschrieben. Diese an vielen Schulen noch wenig verbreitete Weiterbildungskultur dieser MathematiklehrerInnengruppe führte u.a. zu neugierigen Anfragen seitens KollegInnen anderer Fächer. Schließlich kam es zu einem „Pädagogischen Tag" für den gesamten Lehrkörper, der obigem Thema gewidmet war. Dies ist ein Beispiel, wie die Auseinandersetzung mit dem eigenen Unterricht Prozesse in Richtung Schulentwicklung auslösen kann.

Da es in diesem Artikel um die Frage des Designs von Weiterbildung geht, soll im Folgenden die Seminareinheit, in der es um die Bearbeitung des Konflikts ging, hinsichtlich der „Seminararchitektur" etwas genauer analysiert werden. Dabei soll ein Instrument verwendet werden, das einer der beiden Autoren häufig zur Planung und zur Analyse von Aus- und Weiterbildungsaktivitäten einsetzt, nämlich Aktion, Reflexion, Autonomie und Vernetzung als vier Dimensionen von Professionalität im Lehrberuf.

- *Aktion:* Bereitschaft und Kompetenz zu experimentierender, konstruktiver und zielgerichteter Arbeit.
- *Reflexion:* Bereitschaft und Kompetenz zu (selbst)kritischer und das eigene Tun systematisch hinterfragender Arbeit.
- *Autonomie:* Bereitschaft und Kompetenz zu eigeninitiativer, selbst organisierter und selbstbestimmter Arbeit.
- *Vernetzung:* Bereitschaft und Kompetenz zu kommunikativer, kooperativer und öffentlich wirksam werdender Arbeit.

Dazu einige knappe grundsätzliche Überlegungen: Sowohl Aktion und Reflexion als auch Autonomie und Vernetzung sind Dimensionspaare, die einander sinnvoll ergänzen können. So kann eine qualitätsvolle Reflexion den Spielraum für zukünftige Aktionen erhöhen, die ihrerseits wieder ein fruchtbares Feld für Nachdenkprozesse sein können usw. Die Vernetzung von eigenem Wissen und Handeln mit dem von anderen kann sowohl die Leistung eines Teams, einer Organisation etc. erhöhen als auch helfen, die eigene Arbeit weiterzuentwickeln, die ihrerseits wieder Ausgangspunkt für qualitätsvolle Vernetzungen sein kann usw. Erfahrungen im Schulbereich zeigen, dass sowohl in der Weiterentwicklung von Personen, Teams und Organisationen als auch des gesamten Bildungssystems tendenziell Aktion und (individuelle) Autonomie viel besser ausgeprägt sind als Reflexion und Vernetzung. Das oft zitierte „Einzelkämpfertum" von Lehrpersonen – und, davon in gewissem Maß mit geprägt, jenes von SchülerInnen – ist eines der damit zusammenhängenden Phänomene.

Für Überlegungen zum Design von Weiterbildung im Schulbereich scheint daher ein Zugang viel versprechend zu sein, der Interventionen im Bereich von Reflexion und Vernetzung vorsieht, also die Teilnehmenden in eine Lernumgebung stellt, die ihnen genau das abverlangt, was ihnen in der alltäglichen Routine im Allgemeinen abgeht – nämlich in Ruhe und Gelassenheit, in kritischer Distanz und fremdem Blick gemeinsam mit anderen über das eigene (und deren) Handeln nachzudenken, gemeinsam Schlüsse zu ziehen, eine Vielfalt an Betrachtungsweisen zuzulassen und damit die eigene Position im besten Sinn zu „relativieren".

Zurück zur Seminareinheit mit der MathematiklehrerInnengruppe. Der Konflikt zwischen den beiden Lehrpersonen war zu einem guten Teil darauf zurückzuführen, dass jede für sich autonom eine Unterrichtswelt konstruiert hatte, die jeweils für das eigene Aktionsgefüge stimmig, aber eben nicht mit anderen Unterrichtswelten kompatibel war und natürlich auch nie völlig sein kann und muss. Es fehlten Verständigungsformen über unterschiedliche Zugangsweisen zur Frage, was (mathematische) Leistung bedeutet, wie man diese beurteilt und vor allem, wie man damit umgeht, wenn unterschiedliche Unterrichtswelten aufeinander treffen. Wenn vernetzende Reflexion fehlt, dann können solche Auffassungsunterschiede zu verhärteten Positionen gefrieren, die immer stärker in den Kategorien „falsch" und „richtig" gesehen und erlebt werden. Da wird der andere „Einzelkämpfer", dessen Ideen und Vorstellungen – solange sie auf dessen Klassenzimmer beschränkt bleiben – im Allgemeinen häufig unwichtig erscheinen, plötzlich zum Konkurrenten. Wenn dann Konflikte nicht direkt ausgetragen werden (also Reflexion und Vernetzung geschieht), sondern über informelle Kanäle laufen, sich also informelle und autonome Pro- und Kontra-Gruppierungen bilden, wenn sich Scheinbestätigungen und Scheinwidersprüche ohne Argumentationsrahmen auftun, dann können in Lehrkörpern soziale Narben entstehen, die manchmal schwer oder gar nicht heilen.

Im obigen Projekt lag die günstige Voraussetzung vor, dass in der Gruppe schon ein gewisses Maß an gegenseitigem Abtasten und Vertrauen vorhanden war, dass auf Unterstützung von außen zurückgegriffen werden konnte und die Gruppe das vor allem auch wollte. Das Design der Konfliktbearbeitung folgte der oben angedeuteten „Logik" der Intervention im Bereich der Reflexion und Vernetzung. Das Analysegespräch erlaubte einen Ausstieg aus dem als belastend empfundenen Handlungsdruck und erweiterte das gemeinsame Reflexionsrepertoire. Die Interviews verstärkten den reflektierenden und vernetzenden Charakter der Auseinandersetzung mit dem Konflikt ebenso wie die Präsentationen und die darauf folgende Diskussion. Das Ergebnis waren neue Sichtweisen hinsichtlich zukünftiger eigener Handlungen, also erweiterte Spielräume hinsichtlich der Dimensionen Aktion und Autonomie.

Auch der weitere Verlauf der Weiterentwicklung der Gruppe lässt sich mit Hilfe der vier Dimensionen beschreiben. Der Erfolg der Auseinandersetzung mit dem Thema „Alternative Formen der Leistungsbeurteilung" hängt zum einen mit der Tatsache zusammen, dass dieses Thema eng mit einem Teil des Konflikts vernetzt war, zum anderen wohl auch damit, dass nach der ausgiebigen Phase gemeinsamer Reflexion nun auch wieder etwas für die autonome Aktion im Klassenzimmer, nämlich eine konkrete Anregung für den eigenen Unterricht, im Vordergrund stand. Es ist genau diese Balance zwischen diesen vier Dimensionen, die man als PlanerIn von Weiterbildung im Auge behalten sollte.

Ein weiterer Meilenstein war das Niederschreiben der Erfahrungen im Jahresbericht der Schule. Im Prinzip ist dies als eine Verdichtung von Reflexion dieser Gruppe als Beitrag zur Vernetzung von Innovationen zu sehen, also zum professionellen Erfahrungsaustausch an der Schule. An dieser Stelle wird auch der Bezug zwischen der Weiterbildung von Individuen und der Weiterentwicklung der gesamten Organisation deutlich. Die Nahtstelle bilden organisierte Kommunikationsforen, in denen insbesondere Vernetzung und Reflexion gefördert werden – gewissermaßen als natürliches Pendant zu und als fruchtbare Ergänzung von Aktion und Autonomie. In diesem Zusammenhang sei erwähnt, dass obige Schule eine gut ausgeprägte Kultur der Verschriftlichung von Erfahrungen hat und dass dieser organisatorische Hintergrund die Entscheidung für das Verfassen eines Berichts wesentlich beeinflusste.

Beispiel 2:
Das Lernsetting als Experimentierfeld und Gegenstand der Reflexion

Seit Mitte der 80er-Jahre gibt es den Lehrgang für Politische Bildung des iff, ein unübersehbarer, in Konzeption und Breitenwirkung wohl einmaliger Baustein der LehrerInnenfortbildung in Österreich. Sicherlich hat er in den langen Jahren so manche Veränderung durchgemacht, denn die Auseinandersetzung mit aktuellen politischen und gesellschaftlichen Entwicklungen war immer ein leitendes Prinzip. Ein zweites Prinzip des Lehrgangs beruht auf dem Grundverständnis, dass politische Bildung in der Schule und anderen Bildungseinrichtungen ganz wesentlich in der Ausgestaltung des Zusammenlebens in der Organisation Schule stattfindet. Der Schulalltag innerhalb und außerhalb von Unterricht läuft nach ganz bestimmten Spielregeln ab, die implizit eine politische Dimension haben und die ferner darüber bestimmen, welche Lernchancen für politische Bildung bestehen. In der Schule wird nicht nur explizit politische Bildung betrieben, sondern Schule ist implizit ein Ort politischer Bildung. Im Lehrgang hat man für diese Dimension neben den Bereichen „Gesellschaft" und „Politik" einen eigenen Bereich „Soziale Kompetenz und Organisation" geschaffen, in dessen Rahmen auch eine Reihe von Seminaren angeboten wird. Hier finden LehrerInnen Lernchancen zur Weiterentwicklung ihrer sozialen Fähigkeiten, um die politisch bildende Dimension ihrer Rolle bewusster und besser wahrnehmen zu können. Soziale Prozesse im Unterricht differenziert beobachten und gestalten zu können, auf Organisationsprozesse Einfluss nehmen zu können – all dies sind wichtige Lernziele bei diesen Seminaren.

Thema

Für Konzept und Design gelten daher zwei Prinzipien: Es müssen erstens Möglichkeiten geschaffen werden, die Alltagsrealität ein Stück weit hereinzubringen und exemplarisch konkrete Erfahrungen der TeilnehmerInnen zu thematisieren. Dem wird dadurch Rechnung getragen, dass konkrete Problemstellungen einzelner TeilnehmerInnen bearbeitet und Lösungen dafür gesucht werden. Zweitens gilt es, die Seminarrealität selbst als Lernfeld zu nutzen. Seminare zur Vermittlung von sozialer Kompetenz sind besonders lernförderlich, wenn das Lernsetting selbst Experimentierfeld und Gegenstand der Reflexion wird. Im Lehrgang werden daher die sozialen Prozesse und Strukturen auf dem Seminar untersucht, wodurch ein für die politische Bildung höchst relevanter Lernprozess stimuliert wird: In der Auseinandersetzung mit unterschiedlichen Sichtweisen und Bewertungen des gemeinsam erlebten Geschehens wird sowohl die Fähigkeit gefördert, soziale Prozesse differenziert zu beobachten, als auch Gelegenheit geboten, sich darüber mit anderen zu verständigen, die oft auch anders wahrnehmen und denken. Die Tatsache, dass jeder und jede nicht nur BeobachterIn, sondern auch Beteiligte/r und Betroffene/r ist, verstärkt den Lerneffekt.

Eine andere Variante dieses erfahrungsorientierten Lernprinzips besteht darin, dass Gelegenheiten zur Spiegelung der beruflichen Realität geschaffen werden. So machen z.B. im Rahmen der Vermittlung von Projektunterricht die TeilnehmerInnen selbst über mehrere Tage ein Projekt, um anhand einer gründlichen Auswertung an der gemeinsamen Erfahrung zu lernen. Besonders lehrreich sind Momente, in denen sich die Schulrealität in unbeabsichtigter Weise spiegelt. Dazu abschließend ein konkretes Beispiel.

Auf dem Seminar „Organisationsentwicklung Schule" im Rahmen des Universitätslehrgangs „Politische Bildung" arbeitete die TeilnehmerInnengruppe intensiv an den Voraussetzungen für aktuelle Schulentwicklungsprojekte. Im gegenwärtigen Boom in Sachen Schulentwicklung brachten die TeilnehmerInnen einerseits viel Interesse und Engagement, andererseits auch leidgeprüfte Skepsis mit. Zu oft hatten sie erlebt, wie schwungvolle Initiativen ins Stocken geraten waren und mit Frust und Zerwürfnis geendet hatten. Sie hatten daher eine Reihe kritischer Fragen auf ihrer Liste für dieses Seminar. Eine entscheidende Phase bildet die Startphase von Projekten, in der es vor allem darum geht, Motivation und Commitment für ein gemeinsames Ziel herzustellen bzw. zu überprüfen, ob sich überhaupt ein gemeinsames Ziel finden lässt. Auf dem Seminar wurde daher ein Rollenspiel durchgeführt, das diese schwierige Anfangsphase zum Thema hatte. Konkret hatte eine Schulleiterin eine Gruppe von LehrerInnen eingeladen, um einige wichtige Anliegen für ein Schulentwicklungsprojekt herauszufinden und dafür eine Projektgruppe einzurichten. Für die Rolle der Direktorin meldete sich eine Teilnehmerin, die selbst auch real Direktorin war und so für sich etwas ausprobieren wollte. In dem Rollenspiel konnte keines der Ziele umgesetzt werden; schon bald war unter den LehrerInnen heftiger Streit ausgebrochen, einige konkurrierten und wollten ihre Projektidee um jeden Preis durchsetzen, andere zeigten auf die Streitenden und meinten klug, man sehe ja, was bei solchen Projekten herauskomme. Das Gespräch endete in einem chaotischen Gerangel. In der Gruppe und besonders bei der Direktorin löste das Rollenspiel große Betroffenheit aus. Sie hatten es im Schulalltag schon oft so erlebt und waren zugleich verzweifelt darüber, da offensichtlich kein Heilmittel dagegen zu finden war. In der Nachbesprechung wurde deutlich, dass auch die Direktorin diesen Konkurrenzkampf angeheizt hatte, indem sie selbst bestimmte Ideen selektierte und andere als unpassend beiseite schob, ohne jedoch ihre Kriterien transparent zu machen. Die Gruppe war in ihrer selbstkritischen Reflexion bereits recht erfahren, und so kam in der Nachbesprechung auch zu Tage, dass im Rollenspiel die LehrerInnen der Direktorin keine Chance lassen wollten, nur weil sie die Direktorin war. Die mitgebrachten negativen Einstellungen und Vorurteile gegenüber Vorgesetzten hatten sich durchgesetzt und gegen jemanden gewendet, der selbst real in einer Leitungsrolle war. Dies steigerte die Betroffenheit, da diese Erfahrung der Direktorin auch aus ihrem Berufsalltag vertraut war. Hier kamen diese Mechanismen jedoch zur Sprache, und damit wurden Voraussetzungen geschaffen, sie auch außer Kraft zu setzen.

Auch dieses Beispiel sei anhand der Dimensionen *Aktion, Reflexion, Autonomie* und *Vernetzung* kurz beleuchtet. Das Rollenspiel greift eine typische Situation im Rahmen von Schulentwicklungsprozessen auf, in der sich ein Spannungsverhältnis zwischen einzelkämpferischen Interessen von Personen und einer gemeinsam zu treffenden Entscheidung dieser Personen ergibt. Es treffen unterschiedliche autonome Aktionsmuster aufeinander, die einer reflektiven Vernetzung bedürften. Auf Grund des Fehlens einer neutral zwischen den Meinungen vermittelnden Person (die Schulleiterin forciert eigene Interessen) geht der Prozess nicht in Richtung einer Suche nach einer gemeinsamen Lösung, sondern in Richtung einer Divergenz von Meinungen bis hin zum chaotischen Gerangel. Die Besprechung des Rollenspiels bringt die nötige Metaebene ein. Die unterschiedlichen autonomen Aktionsmuster und die dahinter liegenden Motive werden – fern von Aktionsdruck und Parteilichkeit (die in der Praxis im Allgemeinen gegeben sind) – gemeinsam erörtert. Eine wichtige Funktion des Rollenspiels lag also in der Ermöglichung von Reflexion und Vernetzung der verschiedenen Sichtweisen.

Abschließende Reflexionen oder: Weiterbildung ist nicht gleich Weiterbildung

Die Reflexion dieser Weiterbildungsinitiativen zeigt, dass Spontaneität und Kreativität stets Begleiter von Designüberlegungen sein müssen, dass die Frage der methodischen Zugangsform zur Weiterbildung weder rezeptmäßige Antworten zulässt noch dass man sich allein auf den Prozess verlassen kann – ohne sorgfältige Planung. Prozess- und erfahrungsorientiertes Vorgehen braucht nicht weniger, sondern mehr Planung als ein inhaltlich durchstrukturiertes Seminar, jedoch immer mit dem Begleitmotto: „Keep changing the plan!" Die Fragen Wer? (Zielgruppe), Was? (Inhalte, Themen), Wohin? (Ziele), Wo?/Wann?/Welcher Kontext? und Wie? (Design etc.) müssen miteinander in Beziehung gesetzt und gemeinsam beantwortet werden. Qualität von Weiterbildung geht stets mit einem integrativen Betrachten aller dieser Grundfragen einher.

Weiterbildung ist komplex, da sie zumeist mit einer Vielzahl an unterschiedlichen und individuellen Vorkenntnissen, Zielvorstellungen, methodischen Erwartungen etc. zu tun hat. Weiterbildung bedarf vor allem auch der Reflexion über die Methoden, und diese Reflexion kann mitunter zu einer radikalen Änderung des Designs führen – in Absprache mit den „KundInnen", die im Rahmen von Weiterbildung eigentlich immer auch die MitproduzentInnen, wenn nicht gar die „ProduzentInnen" selbst sind.

Weiterbildung ist ein Interaktionsprozess, eingebettet in einen sozialen, organisationalen und kulturellen Kontext, der auch die Methoden mit beeinflusst, genauso wie die gewählten Methoden einen eigenen Mikro-Kontext, eine eigene Lern-„Wirklichkeit" für alle Betroffenen erzeugen. Reflexion und Vernetzung sind wichtige Dimensionen von Weiterbildung, um die verschiedenen Lernwirklichkeiten systemisch miteinander in Bezug zu bringen.

Ralph Grossmann, Peter Heintel

Vermittlung von Organisationskompetenz

Organisationen bestimmen das Selbstsein von Menschen wie nie zuvor, Gesellschaftsreform findet wesentlich als Organisationsreform statt. Die autonome Gestaltung von Organisationen und ihre Selbstbestimmung werden zukünftig ein wesentliches Qualitätsmerkmal für eine sinnbestimmte menschheitsgeschichtliche Entwicklung darstellen. Über die Notwendigkeit, Organisationslogiken verstehen und reflektieren zu lernen, die emotionalen Bindungen an Organisationen ernst zu nehmen, Handlungskompetenz zu entwickeln und wie dies praktisch eingeübt werden kann.

Organisationskompetenz ist eine Schlüsselqualifikation geworden

Ein herausragendes Merkmal entwickelter Industriegesellschaften ist ihr hoher Organisationsgrad. Gesellschaftliche Problemlagen und auch viele persönliche Problemstellungen werden in und von Organisationen bearbeitet. Dieses Jahrhundert und insbesondere die letzten Jahrzehnte waren von einer rasanten Ausdifferenzierung von Organisationen und deren Neugründung in allen gesellschaftlichen Bereichen gekennzeichnet. Diese Steigerung des Organisationsgrades hat die Kapazität der Gesellschaft, Probleme zu bearbeiten, enorm gesteigert, und gleichzeitig werden dadurch auch neue Problemlagen geschaffen. Die spezialisierten Organisationen lösen Probleme und schaffen neue, die wiederum organisationsförmig zu bewältigen sind. Die zunehmende Spezialisierung und Selektivität der Organisationen beschleunigt die Entstehung neuer Organisationen und schafft einen enormen Bedarf an bereichsübergreifender Koordination und gesellschaftlicher Integration. Die Gesellschaft ist in ihrer Leistungs- und Entwicklungsfähigkeit vom Potenzial und der Entwicklungsfähigkeit der in ihr operierenden Organisationen abhängig geworden.

Wenn wir mitdenken, dass sich komplexe Organisationen nur schwer von außen, z.B. von einem lange als Spitze oder Zentrum der Gesellschaft gedachten Politiksystem, inhaltlich steuern lassen, dann wird deutlich, dass auch Gesellschaftsreform heute wesentlich als Organisationsreform zu realisieren ist und die Entwicklungsfähigkeit der Organisationen die gesellschaftliche Entwicklung bestimmt.

Auch die biografische Entwicklung und die individuelle Entfaltungsmöglichkeit, vor allem die berufliche Entwicklung, ist nachhaltig von Organisationskontexten geprägt. Wir verbringen einen Großteil unserer Lern- und Arbeitszeit in Organisationen oder sind auf Entscheidungen, Regelungen und Dienstleistungen von Organisationen angewiesen.

Thema

Das ist historisch betrachtet eine sehr junge Entwicklung, auf die wir individuell und die Gesellschaft insgesamt bewusstseinsmäßig und qualifikatorisch noch nicht wirklich eingestellt sind. Ein Blick auf die institutionalisierten Lernprozesse in Schule, Berufsausbildung und in den wissenschaftlichen Studien zeigt, dass diesem Umstand nicht entsprechend Rechnung getragen wird. Explizit steht Vermittlung von Organisationskompetenz praktisch nirgends auf dem Lehrplan, und die Erfahrungen mit der Aus- und Weiterbildung, aber auch mit professionellen Unterstützungsangeboten wie Supervision zeigen, dass die Auseinandersetzung mit dem Thema Organisation häufig zu kurz kommt. Dort, wo soziale Kompetenz vermittelt wird, ist der Fokus des Lernens auf das Verhältnis von Individuum und Gruppe ausgerichtet.

Organisationskompetenz ist jedoch zweifellos zu einer Schlüsselqualifikation für die erfolgreiche Bewältigung der beruflichen Arbeit, aber auch für die Beteiligung am gesellschaftlichen Leben geworden. In unterschiedlichen Berufsfeldern, von der wissenschaftlichen Arbeit bis zur Automobilproduktion, ist zu beobachten, dass die Bewältigung von Organisationsaufgaben nicht nur von Leitungskräften, sondern auch von Personen in ausführenden Funktionen gefordert ist.

Das iff hat in seinen berufsbegleitenden wissenschaftlichen Weiterbildungsprogrammen dem Organisationslernen einen hohen Stellenwert eingeräumt. Das gilt für die Weiterbildungsprogramme für Lehrer zur politischen Bildung oder zur Professionalisierung der Lehrerinnenrolle ebenso wie für die Ausbildung zum Qualitätsmanager im Gesundheitswesen oder für den Universitätslehrgang Palliative Care, in dem auch die institutionellen Bedingungen einer interprofessionellen Betreuung von Schwerstkranken und Sterbenden eine wichtige Lernperspektive darstellen (siehe auch die Übersicht über das iff-Weiterbildungsprogramm in der beiliegenden Broschüre). Dieses Weiterbildungsprogramm und unsere sonstigen Erfahrungen in Management, Training und Organisationsberatung bilden die empirische Basis der hier vorgestellten konzeptiven Überlegungen und Beispiele.

Dimensionen des organisationalen Lernens

In unserem Konzept des organisationalen Lernens werden drei Lernebenen systematisch verknüpft:
– Es braucht kognitive Landkarten für das Verstehen von Organisationen,
– es ist die affektive Beziehung zu Organisationen zu bearbeiten, und
– es ist die Handlungskompetenz zu entwickeln.

Ralph Grossmann, Peter Heintel

Kognitive Landkarten für das Verstehen von Organisationen

Sich in komplexen Organisationen zu orientieren, ist schwieriger, als man glaubt. Organisationen als soziale Gebilde jenseits des Face to face-Kontaktes sind selbstverständlich und fremd zugleich. Sie lösen sehr starke Gefühle aus und entziehen sich gleichzeitig der unmittelbaren sinnlichen Wahrnehmung. Organisationen kann man nicht küssen. Das, was Organisationen ausmacht – die Ziele, Regeln, Erwartungszusammenhänge, Routinen und Traditionen, die sie zusammenhalten und ihre unverwechselbare Identität ausmachen –, ist nicht direkt wahrzunehmen oder abzufragen. Selbst erfahrene Organisationsberater haben, wenn sie sich auf unbekanntem Organisationsterrain bewegen, Schwierigkeiten, sich zu orientieren. Diese Abstraktheit und Unzugänglichkeit machen einen Teil der Fremdheitsgefühle und Kälte aus, die wir oft in großen Organisationen empfinden. Mangel an Transparenz und Orientierung macht auch Angst und schränkt die Handlungsfähigkeit ein. Es lohnt sich daher, Organisationstheorie zu betreiben, sich kognitive Landkarten für die Orientierung in Organisationen zu erarbeiten. Und das erfordert ein erhebliches Differenzierungsvermögen. Nichts ist so praktisch wie eine gute Theorie. Aber unserer Erfahrung nach reicht es nicht, mit der Brille einer Theorie auf Organisationen zu schauen. Theorien stellen spezialisierte Beobachtungsperspektiven zur Verfügung, mit denen wir bestimmte Dimensionen der Wirklichkeit gut in den Blick bekommen, andere aber nicht.

Entwicklung von kognitiven Landkarten heißt für uns, unterschiedliche Theorien und ihre Beobachtungsperspektiven nutzen zu lernen und auf diese Weise die eigene Beobachtungs- und Diagnosefähigkeit zu schulen. Gruppendynamische Konzepte können helfen, die Bedeutung von Gruppen und Teams und die Dynamik von Intergruppenprozessen sowie das Konfliktfeld zwischen Gruppe und Organisation besser zu verstehen. Soziologische Systemtheorie ermöglicht es, die Eigendynamik von Organisationen, die Beziehung von System und Umwelt sowie den Charakter von Organisationen als überindividuelle Kommunikationszusammenhänge zu begreifen, deren Entwicklungslogik sich vom Lernen der Individuen unterscheidet. Organisationspsychologische und psychoanalytisch fundierte Organisationstheorien können die Bedeutung von Organisationen für die Bewältigung von Angst erhellen und vor diesem Hintergrund die Abschirmung und Abwehr eines Systems gegen Veränderung und die defensiven Routinen, die es dazu benutzt, plausibilisieren; um nur drei uns wichtige Perspektiven zu benennen. Quer zu den theoretischen Zugriffen haben sich einige Beobachtungsschwerpunkte als Markierungen in den kognitiven Landkarten bewährt.

Der Blick auf die Aufgabe und die Einordnung in den übergeordneten gesellschaftlichen Zusammenhang. Organisationen sind um bestimmte Aufgaben herum gebaut. In einer zunehmend funktional differenzierten Gesellschaft er-

Thema

halten die Organisationen durch die Zugehörigkeit zu einem gesellschaftlichen Subsystem wie Wirtschaft, Wissenschaft, Gesundheit oder Bildung ihre charakteristische Färbung. Diese Zugehörigkeit gibt auch Auskunft über die grundlegende gesellschaftliche Funktion, die von einer Organisation zu erfüllen ist. Innerhalb dieser Funktion sind aber die konkreten Aufgaben sehr spezifisch und unterschiedlich. Die Auseinandersetzung mit der Aufgabe oder mit widersprüchlichen Aufgaben erschließt die Kernaufgabe, das Produkt, die Dienstleistung, die im Zentrum der organisatorischen Tätigkeit steht. Diese Kernaufgabe bestimmt entscheidend die Arbeitslogik und die Entscheidungsprioritäten der Organisation. Die Orientierung an der Aufgabe kann helfen, Arbeitsprozesse und Aufbaustrukturen zu optimieren und zwischen Konflikten, die auf der Personen- oder Beziehungsebene angesiedelt sind, und solchen, die sich aus disfunktionalen Organisationsstrukturen ergeben, zu unterscheiden.

Der Blick auf die System-Umwelt-Beziehung. Organisationen gewinnen durch eine Abgrenzung gegenüber der Umwelt ihre Identität. Die Gestaltung des Austausches zwischen System und Umwelt ist entscheidend für das Überleben der Organisation. Der Blick auf die relevanten Umwelten einer Organisation hilft, das Verständnis für die Überlebensbedingungen und Herausforderungen, die damit verbunden sind, besser zu verstehen. Die internen Strukturen und Mechanismen, mit denen auf veränderte Umweltbedingungen reagiert wird, entscheiden über die Lernfähigkeit eines sozialen Systems. Dazu gehören wesentlich die Erfolgskriterien, unter denen sich eine Organisation beobachtet, und die Einrichtungen, die ihr für eine kontinuierliche Selbstbeobachtung und Auswertung zur Verfügung stehen. Auch innerhalb hilft die Systemumweltdifferenz, sich zu orientieren, indem man von der eigenen Position aus die wichtigen Umwelten und die Beziehung zu diesen betrachtet. Die jeweiligen Handlungsmöglichkeiten sind stark von dieser Systemreferenz bestimmt.

Der Blick auf die Verknüpfung von Subeinheiten und Stellen. Der Modus dieser Verknüpfung entscheidet wesentlich über die Leistungsfähigkeit einer Organisation. Wie wird die Arbeit der Abteilungen und Berufsgruppen im Interesse der Leistungsprozesse koordiniert? Wie arbeiten die Stellen in einer Abteilung zusammen, über welche Regeln und Kommunikationsstrukturen wird diese Verknüpfung geleistet, welche haben sich bewährt und welche sind disfunktional geworden? Diese Frage nach der Verknüpfung eröffnet das Feld, in dem sich die meisten alltäglichen Konflikte zutragen und jede Organisation Optimierungs- und Entwicklungsbedarf hat. Dieser Modus der Verknüpfung erfordert auch einen Blick auf das Organisationsganze und das Verhältnis von Autonomie einzelner Einheiten und der Integration der Gesamtorganisation.

Der Blick auf die Ausgestaltung der Führungsfunktionen. Führung ist eine Dienstleistung im Interesse der Funktionsfähigkeit einer Organisation. Sie ist damit selbst ein kritischer Faktor für die Leistungs- und Entwicklungsfähigkeit einer Organisation. Der Blick auf die Strukturen, Instrumente und Haltungen, mit denen diese Funktionen organisiert und persönlich wahrgenommen werden, ist daher ein wesentlicher Schlüssel zum Verständnis der Organisation. Die unterschiedlichen Leitungsfunktionen wie Strategieentwicklung und Zukunftsvision, Auseinandersetzung mit dem Markt und anderen relevanten Umwelten, das Ressourcenmanagement, die Organisations- und Personalentwicklung sowie das Controlling können hier einen Leitfaden bilden, wobei aber der Blick auf Funktionen, Systeme und Beziehungen zu richten ist und weniger auf einzelne Personen.

Der Blick auf die Kultur der Organisation. Organisationen sind letztlich nur vor dem Hintergrund der historisch gewachsenen Werte, Routinen und Verhaltensmuster zu verstehen, die in ihnen wirksam sind. Diese emotional sehr stark spürbaren, aber besonders schwer greifbaren Erwartungsstrukturen, die sich daraus ergeben und jenseits der handelnden Personen wirksam sind, prägen stark die Identität der Organisation und die Handlungsmöglichkeiten in ihr. Besonders interessant aber ist die Frage nach den Mustern der Problembewältigung, die kulturell ausgeformt wurden, oder die Frage nach den Mustern im Umgang mit Veränderung.

Diese kognitiven Landkarten werden erarbeitet durch Vermittlung von Theorieansätzen, durch gezielte Beobachtungsaufgaben und Recherchen, durch Übungssequenzen, in denen soziale Situationen mit unterschiedlichen Brillen analysiert werden, und durch die Arbeit an Fallbeispielen aus dem Organisationsalltag der Teilnehmerinnen.

Die affektive Beziehung zur Organisation bearbeiten

Die Organisationen sind zu einer sozialen Haut geworden, die sehr stark affektiv besetzt wird und für unsere psychische Gesundheit große Bedeutung hat. Das Verhältnis zur Organisation ist ohne Blick auf diese affektive Bindung nicht zu entschlüsseln, und die Handlungsfähigkeit in Organisationen wird davon sehr stark bestimmt.

Organisationen stellten und stellen einen stabilen Ordnungsrahmen dar, der Unsicherheit absorbiert und der Angstabwehr dient. Die in Organisationen zu beobachtende Resistenz gegen Veränderungen hat darin ihre Wurzeln. Die Bindung der Menschen an die Realität über Arbeit – im Sinn der Freud'schen Theorie – ist heute überwiegend über Organisationen vermittelt. Über die Arbeit in organisierten Kontexten wird Anschluss an soziale Beziehungen ermöglicht. Existenzängste werden durch Organisationen aufgefangen. Die Position in Organisationen vermittelt soziale Identität. In hohem Maß wird Lebenszeit durch Organisationszeit strukturiert. Wir fühlen uns durch Organisationen vereinnahmt, gerade dann, wenn dieses Sicherheitsbedürfnis in starkem Maß befriedigt wird.

Gleichzeitig werden diese Sicherheiten durch die Organisation auch ständig bedroht. Das Risiko des Arbeitsplatzverlustes verschärft die Existenzangst und Abhängigkeit. Positionen können abgewertet und verloren werden, soziale Zugehörigkeit wird durch Konkurrenz und interne Veränderungen bedroht. Diese Unsicherheit hat sich durch die Veränderungsprozesse, denen die Organisationen selbst unterliegen, verschärft. Die Organisationen stehen permanent unter Veränderungsdruck. Dauerhafte Zugehörigkeit zu Organisationen wird selten, der Konkurrenzkampf um Positionen härter und die Vielfalt der Positionen und Rollen, die man einnehmen muss, drastisch höher. Die Gesellschaft der Organisationen ist in Umbruch. Der Organisationsgrad wächst, und gleichzeitig wird die soziale Verortung in Organisationen brüchiger.

Die Organisationen entwickeln zweifellos eine große Sozialisationskraft. Unsere Grundmuster über die Konstruktion der Gesellschaft, unsere Vorstellungen von der Gestaltbarkeit von sozialer Realität und die persönlichen Möglichkeiten, darauf Einfluss zu nehmen, werden sehr stark von den Organisationserfahrungen geformt, stärker als durch intentionale politische Bildung oder durch die Erfahrungen mit den Beteiligungsmöglichkeiten am politischen System. Das verleiht der Führungs- und Managementpraxis in den Organisationen der Gesellschaft als zentrale Prägungsinstanz für die Organisationskultur eine immanent politische Funktion.

Organisationales Lernen zielt auf ein reflektiertes Verhältnis zur eigenen Organisationsgeschichte, zu den Wahrnehmungs- und Reaktionsmustern, die darin entstanden sind. Die Handlungsfähigkeit und die Handlungsoptionen können erweitert werden, indem Einschränkungen, die durch affektive Verstrickungen bedingt sind, der Reflexion zugänglich gemacht und auf diesem Weg die Kosten und Nutzen dieser Muster deutlich werden und auch neu bewertet werden können. Die klassischen Institutionen europäischer Prägung – Schule, Universität, Krankenhaus, Kirche, aber auch Gewerkschaften, Verwaltungsbürokratie, große Sozialeinrichtungen und paternalistisch geführte Betriebe – haben in ihrer langen Sozialisationswirkung eine stabile Vorstellung erzeugt, wie Organisation und Organisationskultur beschaffen sind und dass bestimmte Aufgaben nur so und nicht anders organisiert werden können. Das hat insbesondere in den zentraleuropäischen Gesellschaften eine sehr beschränkte Organisationsfantasie und Inflexibilität, was Organisationsformen betrifft, entstehen lassen. Die gesellschaftliche und politische Auseinandersetzung mit dem Umbau, vor allem der Organisationen des öffentlichen Sektors, ist unseres Erachtens der zentrale Modernisierungskonflikt in unserer Gesellschaft, der in seiner politischen Brisanz noch erheblich unterschätzt wird. Dieser Umbau erfordert auch eine neue affektive Beziehung zu Organisationen.

Wir arbeiten in unseren Weiterbildungsprogrammen an dieser Thematik, indem die persönliche Geschichte in und mit Organisationen reflektiert wird, indem in den beruflichen Fallbeispielen auch dieses gefühlsmäßige Involviertsein fokussiert wird und indem neue Organisationsformen übungsmäßig oder projektförmig erprobt werden. Nicht zuletzt wird der Boden dafür durch eine sorgfältig gestaltete Organisationskultur in den Universitätslehrgängen oder Beratungsprojekten aufbereitet.

Entwicklung der Handlungskompetenz

Letztlich zielt organisationales Lernen natürlich darauf, die persönliche, zumeist berufliche Handlungsfähigkeit in Organisationen zu erweitern. Kognitive Orientierung, eine balancierte affektive Beziehung und eine Reihe von praktischen kommunikativen Fähigkeiten gilt es zu verbinden. Im Zentrum steht eine realitätsgerechte Wahrnehmung der eigenen professionellen Rolle und ihre Entwicklung. Die Rolle verbindet die Person und die Organisation. Das soziale Konstrukt der Rolle – genauso wenig küssbar wie die Organisation – verknüpft strukturelle Dimensionen, Beziehungsdimensionen und persönliche Rollenperzeption, persönliches Handeln. Die Handlungsmöglichkeiten in der Rolle werden mitbestimmt von ihrer Positionierung in der Organisation und ihrer Verknüpfung mit anderen Rollen und Stellen, von ihrem formalen Auftrag und den Erwartungen, die Vorgesetzte, Kolleginnen und Mitarbeiter an die Rollenträgerin richten; nicht zuletzt auch von den zugewiesenen Ressourcen. Die Veränderung der Rolle kann an diesen organisationalen Dimensionen ansetzen oder auch an der persönlichen Wahrnehmung der Rolle und an den eingebrachten Qualifikationen. Die Möglichkeiten, die eigene Rolle realitätsgerecht auszuschöpfen und sie zu erweitern, setzt ein gutes Einschätzungsvermögen für soziale Situationen voraus. Es gilt, die eigene Position als Teil eines Problem- oder Handlungssystems zu sehen und die wichtigen Beziehungen innerhalb dieses Handlungssystems auszuloten. Dazu ist nicht nur die Fähigkeit zu einer gewissen Distanzierung, d.h. immer auch Selbstbeobachtung und Selbstdistanzierung, notwendig, sondern auch die Fähigkeit, ein solches Handlungssystem abzugrenzen; zu entscheiden, wer involviert ist und wer nicht, wer an einer Problembearbeitung mitwirken muss und wer straflos außerhalb gelassen werden kann. Erfahrungen mit der Organisationsdiagnose helfen. Selbst Teil des Systems zu sein, erschwert die Aufgabe.

Und schließlich gilt es, Interventionen zu setzen, d.h. kommunikative Handlungen, die die Reaktion der Umwelt ins Kalkül ziehen, und das eigene Handeln darauf abzustimmen. Im weiteren Sinn handelt es sich hier um Kommunikation, und kommunikative Kompetenz ist gefragt. Die Fähigkeit, eigene Interessen zu verhandeln und Konflikte auszutragen, andererseits aber kommunikative Arrangements zu gestalten, die z.B. geeignet sind für lösungsorientierte Arbeitsprozesse oder für die Verhandlung von unterschiedlichen Interessen, die Fähigkeit zum Dialog über Fach-, Berufs-, Abteilungs- und Organisationsgrenzen hinweg wird parallel zur fortschreitenden Spezialisierung von Organisationen immer wichtiger.

Da wir in unseren Programmen zumeist Führungskräfte und Mitarbeiter in Stabsfunktionen qualifizieren, stellt die Vorbereitung auf solche neuen Leitungsaufgaben wie die Leitung von bereichsübergreifenden Teams oder Projekten ein wichtiges Lernziel dar. Damit werden Erfahrungen in der Handhabung von Projektmanagement sowohl zur Bewältigung von bereichsübergreifenden Aufgabenstellungen als auch zur Gestaltung von Veränderungsprozessen der Organisation selbst immer wichtiger, und Projektmanagement bildet einen wesentlichen Baustein der Programme zum organisationalen Lernen.

Ein Charakteristikum der Arbeit in modernen Gesellschaften ist der ständige Veränderungsdruck, dem sich die Organisationen selbst ausgesetzt sehen. Umgang mit Veränderung ist somit zu einem konstitutiven Bestandteil von Organisationskompetenz geworden. Und das erfordert eine konzeptive Vorstellung davon, wie komplexe Organisationen zu Entwicklungen stimuliert, wie Prozesse der Veränderung gesteuert werden können, wie die Entwicklung von Personen sinnvoll auf die strukturellen Veränderungen bezogen werden kann. Damit ist auch wiederum die Frage angesprochen, wie in Veränderungen, durch die alte Routinen und Traditionen in Frage gestellt werden, das notwendige Maß an Sicherheit aufgebaut werden kann. Organisationskompetenz hat viel mit einem bewussten und sensiblen Umgang mit Gefühlen – mit den eigenen und denen anderer Organisationsmitglieder – zu tun.

Settings für organisationales Lernen

Wir haben bisher vor allem auf kursförmiges Lernen im Rahmen wissenschaftlicher Weiterbildung oder betriebsinterner Trainings Bezug genommen. In unserem Ansatz wird kognitive Arbeit mit Übung und Reflexion der beruflichen Alltagserfahrungen systematisch verknüpft, wir verwenden gruppendynamische T-Gruppen-Settings und Organisationslaboratorien. Die gruppendynamische Trainingsgruppe ermöglicht nicht nur Selbsterfahrung mit der eigenen Wirkung in Gruppen und Aufbau von Verständnis für die Entwicklungsdynamik von Gruppen und Teams. Sie bietet auch hervorragende Lernchancen für das Training von Beobachtung zweiter Ordnung, also die Beobachtung, mit welchen Unterscheidungen man selbst und andere soziale Situationen beobachten; eine Kompetenz, die für die Diagnose von Organisationen und die Reflexion der eigenen Position darin sehr hilfreich ist.

Organisationslaboratorien bieten die Chance zur Selbsterfahrung mit den Schwierigkeiten und Chancen der Organisation von größeren Systemen, wenn keine vorgegebenen und tradierten Strukturen für den Ordnungsrahmen sorgen. Die hier erlebbare Dynamik und die eigene Befindlichkeit darin sind für das Verstehen von Organisationen wie für die Wahrnehmung der affektiven Bedeutung von Organisationen gleichermaßen lernträchtig.

Ein spezielles Problem stellt die Trennung zwischen Lernsystem und Alltagsorganisation dar. Diese in jeder separat institutionalisierten Weiterbildung immanente Konfliktlage hat im organisationalen Lernen besondere Brisanz, ist doch die Alltagsorganisation ein wesentlicher Lerngegenstand und neigt daher besonders zu Abstoßungstendenzen gegenüber dem Lernertrag der Seminarteilnehmer. Wir versuchen diese nicht aufhebbare Trennung zu überbrücken – einmal durch Lernkontrakte mit den Organisationen, die dadurch die Entsendung bewusster gestalten müssen, durch die Nominierung von Mentorinnen für die Teilnehmer aus der Herkunftsorganisation, zumeist Führungskräfte, die mit dieser Rolle ein Stück Mitverantwortung für den Transfer des Lernertrags in die Alltagsorganisation übernehmen und durch regelmäßige Gespräche mit den Teilnehmerinnen sowie durch eigene Mentorenveranstaltungen an den Lernprozess im Lehrgang angeschlossen werden. Und schließlich durch Projektarbeit der Teilnehmer, die sie zwar zu Lernzwecken unternehmen, aber doch als beauftragte Projekte ihrer Organisation durchführen. Diese Maßnahmen haben sich – z.B. im Rahmen des Universitätslehrgangs „Organisationsentwicklung in Dienstleistungsunternehmen" – bewährt und werden von den entsendenden Organisationen sehr ernst genommen. Das kursmäßige Lernen erhält für die Teilnehmerinnen eine erhöhte Verbindlichkeit, und die Transferchancen sind günstiger. Aber dem organisationalen Lernen sind strukturelle Grenzen gesetzt. Aus der Sicht der einzelnen Teilnehmer eröffnen sie Freiheitsgrade zur persönlichen Entwicklung, gerade auch durch das Herausheben aus der Alltagsorganisation. In Bezug auf die Wirkung in der Organisation sind Lernsettings im Kontext der Organisation wirkungsvoller – z.B. im Rahmen von internen maßgeschneiderten Management Develop Programmen oder als Qualifikationsschritte im Rahmen von Veränderungsprojekten.

Wenn Organisationskompetenz als Schlüsselqualifikation ernst genommen werden soll, dann braucht es unterschiedliche Settings:
- Den Einbau von organisationalen Lernschritten in die Grundausbildung in Schule, Lehre und wissenschaftlicher Berufsvorbereitung,
- berufsbegleitende Weiterbildung wie die iff-Lehrgänge sowie
- organisationsbezogene Lernprozesse im Kontext von Organisationsentwicklung.

Thema

Über die historische Notwendigkeit der Selbstbestimmung von Organisationen

Organisationskompetenz wurde als Schlüsselqualifikation beschrieben. Wir halten es für nicht übertrieben, die Meinung zu vertreten, dass ihr neben einigen anderen eine hervorragende Bedeutung zukommt. Wir gehen so weit zu behaupten, dass von ihrem Erwerb das Erreichen einer neuen Qualität menschheitsgeschichtlicher Entwicklung abhängt. Wir haben uns nämlich, historisch gesehen, erstmalig die Möglichkeit geschaffen, aktiv und generell bewusst organisationsgestaltend wirksam zu sein. Auf der positiven Seite vermerkt, hängt die „neue Freiheit" gegenüber unseren Organisationen mit ökonomischer Entlastung, entwickelterer Demokratie (Partizipation) und der Aufklärung religiöser und politischer Ideologien zusammen, die bisher, fast möchte man sagen, Denk- und Handlungsverbote gegenüber Organisationen ausgesprochen hatten (die Hierarchie heißt eben übersetzt „heilige Ordnung"; Heiliges hat seinen Urgrund immer außerhalb des Systems und kann daher nicht hinterfragt werden). Auf der negativen Seite stehen allerdings Versagen und Not. Wir *müssen* uns einfach mit unseren Organisationen intensiver beschäftigen, weil uns einerseits die Außenhalte (List der Vernunft, heilsgeschichtliches Telos, invisible hand etc.) abhanden gekommen sind, weil die Hierarchien damit in eine Dauerkrise geraten sind und zentrale Steuerungen immer unwirksamer werden (dies gilt auch für die Hierarchie der Systeme: die Politik hat hier auch immer mehr Teile ihrer zentral regelnden Funktion aufgeben müssen); andererseits, weil durch die ungeheure organisatorische Ausdifferenzierung aller Gesellschaftsbereiche die Kooperations- und Koordinationsnotwendigkeit enorm angewachsen ist. Wieder einmal *zwingt* ein neuer Freiheitserwerb zu neuen Kompetenzen und Handlungen. Zugleich sind wir auf diesen historischen Augenblick nicht gut vorbereitet. Bisher entwickelten sich Organisationen konstellativ und emergent und waren nicht Gegenstand bewusster kollektiv organisierter Entscheidungen. Die Mehrheit der Menschen „wuchs" in sie hinein, ohne sich mit ihnen näher beschäftigt zu haben. Größere Organisationsveränderungen geschahen entweder durch Revolutionen oder anders geartete, meist katastrophische Brüche in gesellschaftlicher Kontinuität. *Innerhalb* der Organisationslogiken gab es einigen Spielraum, der auch genützt wurde. Organisationen und Strukturen „als Ganze" in Frage zu stellen, gar mit Veränderungszweck, überforderte Handlungs- und Gestaltungsmöglichkeiten; diesbezügliche Fragen und Antworten blieben meist nur in Utopien aufbewahrt.

Dem Charakter der Aufklärung und der mit ihr verbundenen funktionalen Rationalität entsprach es allerdings, Organisationen nach ihren Axiomen zu schaffen. Es dominierte hier aber das mechanistische Weltbild. So blieb die einzig bewusste und entscheidende Organisationsgestaltung einer funktionalen Abwandlung des hierarchischen Prinzips verpflichtet. Will man Organisationen wie

Maschinen aufbauen, muss man zugleich Außensteuerung zulassen. Damit ist man aber auch gezwungen, Menschen als Maschinenteile zu verstehen, was sie funktional auch sind. Aber eben nicht nur. Bald musste man bemerken, dass schon wegen der wachsenden Komplexität der Entscheidungs- und Steuerungsaufgaben Menschen verlangt werden mussten, die „überfunktional" zu denken und zu handeln im Stande waren. Auch wenn dieser Anteil schon früher Voraussetzung für das Überleben von Organisationen war, jetzt kam es an den Tag; der einzig rational gesteuerte, bewusste Versuch, Organisationen zu gestalten, scheiterte an seinem eigenen Reduktionismus. Wir stehen aufs Neue am Anfang, allerdings mit einem Erbgut an Vielfalt und Komplexität, an historischer Last und unkoordinierter Unübersichtlichkeit, das uns manchmal angesichts der zu lösenden Probleme Ohnmacht empfinden lässt; individuell lässt sich ohnehin nichts machen, und für neue kollektive Handlungsformen in Belangen Selbstbeobachtung, Selbststeuerung und Gestaltung fehlen uns Kompetenz und Erfahrung. In dieser schwierigen Situation wird uns allzu schnell regressive Fluchtmöglichkeit angeboten. An die Stelle der List der Vernunft, der invisible hand etc. ist der Götze Sachzwang getreten. Wie unvernünftig er auch bei näherem Hinsehen erscheinen mag, er hat bereits übernatürlichen Charakter. Seine Priester sind die Experten der jeweiligen Sachlogik. Aber auch unter dem Titel der Emergenz werden wir an die alten Unsteuerbarkeiten erinnert. Geht es uns wie dem Zauberlehrling, der tatsächlich dort, wo er endlich Macht bekommt, diese schon an die Eigendynamik seines eigenen Werkes verloren hat?

Freiheit und Macht werden aber immer dort zur Willkür, wo partikulares Interesse sich universalisiert (siehe deregulierte „freie" Marktwirtschaft) oder wo man es dem Zufall – und den ihn benützenden Interessen – überlässt, was aus unserer Organisationsentwicklung wird. So ist zu beobachten, dass die neue Freiheit als Deregulierung des Marktes auf der anderen Seite in den Organisationen oft zu nicht mehr gestaltbaren Zwangssituationen führt (man *muss* rationalisieren, autoritärere Strukturen wieder einführen, schneller sein, alles unter Zeitdruck stellen etc.), dass die Universalisierung partikularer Freiheit auf der einen Seite zum Demokratieverlust auf der anderen Seite führt. Man verschweigt diese Entwicklung aber nicht nur durch das Sachzwangargument, sondern auch durch Anpassung an eine fremde Logik. In ihr bezeichnet sich beispielsweise ein Staat als „Unternehmen" Österreich, und politische Strategiepapiere lesen sich wie eine Einführung in die Betriebswirtschaftslehre.

Als These kann dem gegenüber aber gelten, dass die unterschiedlichen Zwecke, Ziele und Aufgaben, die Organisationen zugewiesen wurden, die Verwaltung unterschiedlicher Wirklichkeitsbereiche und Themenfelder nicht nur eine spezifische „Eigenlogik" hervorbringen, sondern auch dementsprechend *unterschiedlichen* Freiheitswahrnehmungen gerecht werden müssen. Organisationen müssen somit die *ihnen* entsprechende Autonomie entwickeln und sie sich nicht wiederum von außen vorschreiben lassen. Politik und Betriebswirtschaft passen eben nur dann zusammen, wenn sich erstere von letzterer völlig abhängig zu machen beginnt.

Hier schließt sich der Kreis zu unseren weitaus bescheideneren Programmen. Es ist zwar intellektuell durchaus angebracht, global zu denken; eine kleine Institution muss aber bestrebt sein, lokal handlungsfähig zu sein. Ihr „Gegenstand" müssen daher konkrete Organisationen und ihre Mitglieder sein. Organisationskompetenz im beschriebenen Sinn erwirbt man sich in erster Linie an seiner eigenen Organisation, durch Weiterbildungsprogramme, *in* denen sie Thema ist. In ihnen geht es weniger um Anpassungsprogramme zum besseren Funktionieren, sondern um eine spezifische reflexive Differenzsetzung. Organisationskompetenz beginnt mit der Fähigkeit, sich mit anderen zusammen seiner Organisation gegenüber zu setzen, sie und sich in ihr zum Thema zu machen. Gestaltungsfähigkeit, Selbststeuerung, schließlich „kollektive Autonomie" erreicht man nur über eine organisierte Selbstdifferenz. Auch wenn letztere schließlich nur an Ort und Stelle, d.h. *in* den jeweiligen Organisationen stattzufinden hat, so ermöglichen organisationsbezogene Weiterbildungsprogramme doch eine gewisse Aufmerksamkeitserweiterung, eine Sensibilisierung für die Bedingungen und Momente, die beachtet werden müssen, und eine Einübung in Settings- und Verfahrensformen, die dazu dienen, erfolgreich *in* den Organisationen sich *mit* ihnen zu beschäftigen. Organisationsgestaltung in neuer Perspektive ist daher weder Produkt des Sachzwangs noch emergent noch von irgendwelchen Berufenen (von außen) verfügbar. Sie ist selbst ein ständiger organisatorischer Akt, in dem kollektives Bewusstsein über sich selbst generiert wird. Insofern plädieren wir auch für einen Perspektivenwechsel: War es früher üblich, Organisationen als Mittel zum Zweck zu verstehen (organom = Instrument), empfiehlt es sich nun, ihren zweck- und inhalts*konstitutiven* Charakter ins Auge zu fassen; wenn Organisationen lernen, sich selbst (autonom) zu gestalten, wird dabei auch „Sinn" produziert, und dieser entscheidet über Inhalte, Ziele und Aufgaben.

Gerhard Falk

Mediation und Konfliktregelung

Der erste akademisch zertifizierte berufsbegleitende Universitätslehrgang „Mediation" ist Resultat einer fünfjährigen kontinuierlichen Aufbauarbeit am iff Klagenfurt. Über die Entwicklung und Struktur von praxisorientierter, interdisziplinärer Weiterbildung in einem neuen Bereich.

Entwicklung und Kontinuität stehen in einem unausweichlichen Spannungsverhältnis, ja in Distanz zueinander. Von Neuem, Ungewohntem werden rasche, vorzeigbare Erfolge verlangt, die es rechtfertigen. Neugierde läßt dabei eine Aufbruchsstimmung entstehen, die Verweilen und Reflektieren unter permanenten Druck stellt. Einen Gegenstand zu erfassen, sich einen „Begriff" davon zu bilden, braucht jedoch Zeit. In der Aus- und Weiterbildung verdichtet sich dieses Dilemma am deutlichsten: Um die Praxis weiterzuentwickeln, ihre Nachfrage abzudecken, sind Lernangebote gefragt. Diese bedürfen möglichst klarer Konturen, Rahmenbedingungen, Zielrichtungen und Methoden, die dem Lerngegenstand bestmöglich entsprechen.
Was aber, wenn ebendieser Lerngegenstand noch gar nicht erfaßt ist? Hat man dann abzuwarten, während Ausbildungshungrige bereits verärgert an die Türen von Lehrinstitutionen klopfen und nach Nahrung rufen? Einmal ist immer Anfang. Auf vorgefertigte Produkte zurückgreifen zu können, ist in derartigen Situationen unmöglich. Daher sind pionierhaft erste Schritte zu setzen; dies muß jedoch mit Bedacht und gleichzeitiger Installierung von permanenter Reflexion geschehen, damit Weiterentwicklung ermöglicht wird und Know-how nicht verlorengeht.

Einleitung

Mediation (lat.: Vermittlung) entwickelte sich in den vergangenen Jahren, als Alternative zum Rechtsstreit, beinahe zu einem „Zauberwort". Wo immer dieses Thema aufbereitet wurde, waren, auch seitens der Medien, Nachfrage und Interesse – weltweit – ungewöhnlich hoch. Diese Tendenz ist ungebrochen. Ausgehend von der sinnlich wohl am eindringlichsten wahrnehmbaren Scheidungsmediation insbesondere mit (dritt-)betroffenen Kindern (Besuchsrechtsregelungen), wurden und werden die positiven Erfahrungen des Modells in andere Anwendungsgebiete übertragen. Seine verhältnismäßig einfachen Strukturen, die klaren Ziele, Grundannahmen, transparenten Methoden und Techniken scheinen, jedenfalls nach ersten Erfolgsberichten zu urteilen, in Kontexten der Nachbarschaft, der Schule, der Wirtschaft, Verwaltung und Umwelt etc. ebenfalls zu funktionieren.

Thema

Bei der Erforschung des Themas seit 1994 ist uns jedoch bald aufgefallen, daß die zunehmende Tendenz zur Auffächerung in Spezialgebiete den Gegenstand auszuhöhlen beginnt, weil sie gerade jene Ursache reproduziert, auf welche die Einfachheit der Mediation eine Antwort anbieten soll: die von der Arbeitsteilung und dem widerspruchsfeindlichen Logikverständnis mitverursachte Neigung zu Spezialisierung, Segmentierung, expertenorientierter Disziplinierung und die damit einhergehende Komplexitätsexplosion in allen Lebensbereichen. Diese Selbstverkomplizierung wurde auch im Rechtswesen, insbesondere in der Legislative sowie in der gerichtlich-behördlichen Streitkultur, frustrierend wirksam (Stichworte dazu: Gesetzesflut, Endlosverfahren, Fremdbestimmung, Stellvertreterkrieg etc.). Das offenbar reaktive Bedürfnis nach Übersichtlichkeit, Transparenz und Eigenverantwortlichkeit rief, beginnend in den 80er Jahren, vereinfachende Verfahren alternativer Konfliktregelung und Mediation als Anwort hervor. Die vorhandenen Unklarheiten in diesem Neuland, gepaart mit subtilen Einverleibungsstrategien bereits vorhandener Berufsfelder, haben jedoch Vermischungen und Durchdringungen mit Altbekanntem hervorgerufen.

So entstand ein recht buntes Konglomerat an Mediationsbegriffen, -zugängen und -verständnissen sowie daraus resultierenden Widersprüchen. Hierbei wird zunächst etwa eine Spaltung zwischen rechtlichen versus psychosozialen Problemlösungsmethoden deutlich. Oder man zerbricht sich beispielsweise zunehmend den Kopf darüber, was denn unter „Wirtschaftsmediation" zu verstehen sei. Ist darunter Konfliktregelung innerhalb oder zwischen Unternehmen gemeint, sind Arbeitnehmer-Arbeitgeber-Streitigkeiten davon umfaßt oder Störungen an der Schnittstelle zu Kunden, der hierarchischen Strukturen usw.? Ein Plenarreferent formulierte unlängst gar als ein Ziel der Wirtschaftsmediation die Entwicklung eines Organisationsplans, von Teamarbeit sowie der Persönlichkeit von Führungskräften. Außerdem werden, gewollt oder nicht, Konfliktprävention, Kommunikationstraining sowie Supervision u.a. mit Mediation vermischt.

Diese Beobachtungen diffundierender Begrifflichkeiten spiegeln sich in allen anderen Mediationsfeldern ebenfalls wider. Betreffend die vermeintlich relativ durchschaubare Scheidungsmediation wird diskutiert, ob ein Unterschied zur Familien-, zur Kinderbesuchs- oder Trennungsmediation besteht und welche Kompetenzen bzw. welches Fachwissen Mediatorinnen und Mediatoren beherrschen sollten. Bei der Umweltmediation potenzieren sich diese Trends aufgrund der erhöhten Komplexität, der man gegenübersteht. Man denke in diesem Zusammenhang nur an die Überschneidungen zwischen Ökonomie, Verwaltung, Technik, Politik und eigentlichen Umweltfragen in diesem Anwendungsgebiet.

Die Verwirrung hinsichtlich des „Ortes" und der Ziele von Mediation pflanzt sich bei der Frage nach den Kompetenzen nahtlos fort. Setzt man etwa voraus, daß

Mediatorinnen und Mediatoren, wie manche meinen, auch inhaltliches Fachwissen mit- und in den Mediationsprozeß einzubringen haben („evaluative mediation"), kann man leicht ermessen, über welches Potential solche „Übermenschen" zu verfügen hätten. Neben ihrer unzweifelhaften Integrität, Vertrauenswürdigkeit und jahrelangen Erfahrung sind Strukturierungs- und Moderationsfähigkeiten eine Selbstverständlichkeit und das dazugehörige theoretische Wissen Grundvoraussetzung, dazu psychologisches Wissen und Einfühlungsvermögen, natürliche Autorität und – selbstverständlich nicht abschließend gemeint – besagtes Rechts- und Fachwissen, jedenfalls im speziellen Arbeitsfeld. Juristen beschwören bereits strenge Haftungsszenarien herauf, denen mangelhaft arbeitende Mediatoren unterliegen mögen. Versicherungen sind nicht faul, das daraus erzeugte vermeintliche Risiko mit Haftpflichtversicherung (und ansehnlicher Prämie) abzudecken.

Dem wiederum entgegen steht die Meinung, daß Mediatoren ausschließlich für das Verfahren, den Mediationsprozeß, also für das „Wie" verantwortlich seien; der Inhalt, die Sachentscheidungen, also das „Was" habe ausnahmslos an die streitbetroffenen Medianden redelegiert zu werden („facilitative mediation"). Deshalb hafteten Mediatorinnen und Mediatoren auch nicht für eingetretene Vermögensschäden aufgrund von Beratungsfehlern (weil sie eben nicht so wie Experten über Inhalte beraten).

Nach diesem Modell wäre der Mediator kaum von einem „Moderator", nach dem vorher beschriebenen Modell schwer von einem Fachexperten zu unterscheiden. Wo die Wahrheit liegt, müssen wohl auch Mediatorinnen und Mediatoren selbst entscheiden bzw. hängt dies von der jeweiligen Methode und dem Auftrag ab. Wahrscheinlich befindet sich die Mediatorenrolle irgendwo in der Mitte des Spektrums vom „Nichtwisser" bezüglich Inhalten bis hin zum „Fachberater", der Gutachten und Prognosen erstellt. Es obliegen ihr einerseits zumindest bestimmte unumgängliche Auftrags- und Aufklärungspflichten, die zwangsläufig auch mit den Inhalten verknüpft sein müssen. Weiters besteht der Auftrag nach den meisten Definitionen durchwegs darin, die Mediationspartner zu einer „fairen" Vereinbarung zu begleiten. Dazu hat der Mediator wohl, wenn schon nicht selbst, dann jedenfalls durch herangezogene Experten, zumindest dafür zu sorgen, daß relevante Fragen thematisiert oder Irrtümer aufgeklärt werden etc.

Aus- und Weiterbildung

Was bedeutet diese offene Ausgangslage der Zersplitterungstendenz und Unklarheiten eigentlich für das Thema Aus- und Weiterbildung? (Berufs-)Rechtliche Regelungen, an die man sich halten könnte, sind – noch – keine vorhanden. Hat nicht eine Ausbildung zum Mediator „auf Nummer Sicher" zu gehen und möglichst viel Rechts- und Fachwissen zu beinhalten? Müßte dann einerseits nicht etwa eine Wirtschaftsmediatorin mindestens Steuer-, Gesellschafts-, Handels-, Arbeitsrecht, internationale Regelungen usw. beherrschen? Hätte sie konsequenterweise nicht andererseits auch Kenntnisse aus – komplementären – sozialpsychologischen Professionen wie etwa Diagnostik, therapeutische, kommunikative oder kriseninterventive Kompetenzen vorzuweisen?

Folgte man solchen Vorstellungen mediatorischer Omnipotenz, wäre für jedes spezielle Anwendungsgebiet der Mediation, gar für jeden Grundberuf eine eigene Ausbildung zu entwickeln, damit den formulierten, meines Erachtens teilweise phobischen Anforderungen wenigstens im mindesten Genüge getan werden könnte. Wenn man weiters bedenkt, daß die Ausbildungen zu den klassischen rechtlichen und therapeutischen Grundberufen inklusive Studium mehrere tausend Stunden erfordern, kann erahnt werden, was dies an Aufwand bedeuten würde. Die im europäischen Raum sich etablierende Tendenz von privaten Ausbildungsvereinen (zumindest in der Scheidungsmediation) zu einer auf einen Grundberuf und auf Praxiserfahrung aufbauenden Basisausbildung über lediglich rund 200 Stunden, die Selbsterfahrung, Methodik, Technik und Theorie der Mediation, Fachwissen im speziellen Anwendungsgebiet, Praxissupervision und mehr enthält, kann niemals ausreichend sein, wenn man Mediatorinnen und Mediatoren auch nur annähernd die oben beschriebenen Verantwortungen auferlegt. Selbst dann nicht, wenn man das Anwendungsgebiet auf ein sehr enges Segment wie z.B. Arbeitnehmer-, Arbeitgeber- oder Nachbarschaftskonflikte beschränkte.

Universitätslehrgang

Bereits als ich 1996 den Auftrag erhielt, einen berufsbegleitenden Universitätslehrgang für Mediation zu entwickeln, war diese schwierige Problemlage zu erkennen. Wie hat ein Curriculum gestaltet und organisiert zu sein, damit alle Mediatoren-Erfordernisse, noch dazu mit akademischem Niveau, berücksichtigt werden? Ein rechtlich normiertes Berufsbild mit Qualifikationsregulativen, das herangezogen werden könnte, wird zwar von vielen angestrebt, jedoch, wenn überhaupt jemals, erst in fernerer Zukunft vorhanden sein. Welche Inhalte hat ein universitäres Lernprogramm daher zu enthalten, welche nicht? Wie kann eine möglichst sachlich und rechtlich „mängelfreie" Ausbildung konzipiert werden, für einen Beruf, den es eigentlich – noch – nicht gibt? Wie kann es gelingen, Qualität herzustellen und Standards zu setzen, die dennoch nicht einengen oder präjudizieren, die das Feld (und sich selbst) für weitere Entwicklungen offen lassen?

Mit den beiden – folgt man den Evaluationsergebnissen und Rückmeldungen – sehr erfolgreich verlaufenen Symposien 1996 und 1997 sowie mit einer ebenfalls ausgebuchten fünfteiligen Seminarreihe wurden mehr als 50 Expertinnen und Experten aus dem In- und Ausland sowie mehr als 600 Teilnehmerinnen und Teilnehmer motiviert, nach Klagenfurt zu kommen. Die dabei entstandenen und teilweise ausgewerteten Diskussionen sowie Fachbeiträge und darüber hinaus getätigten Forschungsbesuche meinerseits im Ausland konnten unsere Fragen ebenfalls nicht restlos beantworten. Dies spornte uns jedoch noch mehr an, eine Lösung zu finden, die unseren eigenen „iff-Anforderungen" gerecht wird. Durch die Bildung eines interdisziplinären Spezialistenteams für Mediation und/oder Curriculumsdesign konnte, unter Heranziehung aller gewonnenen Erfahrungen in mehreren Sitzungen über einen Zeitraum von einem halben Jahr, ein höchst zufriedenstellendes Ergebnis erzielt werden. Anfang 1998 war das Klagenfurter Konzept „Soziale Kompetenz für Mediation und Konfliktmanagement in Familie, Wirtschaft, Verwaltung und Umwelt" in der Rohfassung entwickelt.

Nach dem „Feinschliff", bei dem der Lehrgang auch auf seinen Namen „The European General Mediator (EGM)" getauft wurde, nach den institutionellen Genehmigungen sowie seiner ministeriellen Verordnung im Sommer 1998 mußte dieser damals erste staatlich akademisch zertifizierte Universitätslehrgang in Europa (Master of Advanced Studies beantragt) „nur" noch von den Adressatinnen und Adressaten angenommen werden. Vom Inhalt her erwuchsen uns keinerlei Bedenken, weil wir im Vorfeld den Bedarf erhoben hatten. Da dieses Weiterbildungsprogramm jedoch aufgrund der gesetzlichen Bestimmungen „selbsttragend" sein mußte, war es, obwohl wir einsparten, wo immer möglich, und ohne Gewinnabsicht kalkulierten, aufgrund seiner hohen Qualitätsmerkmale und der gesetzlich vorgeschriebenen Dauer verhältnismäßig teuer. Ohne Nebenkosten errechnete sich eine Gebühr von rund 200.000 ATS für 690 Unterrichtseinheiten. So manche bezweifelten deshalb zunächst das Zustandekommen des Lehrganges. Er war jedoch, nicht zuletzt aufgrund des aufgebauten Images, der Interessentenpflege und der bescheidenen, aber professionellen Öffentlichkeitsarbeit sowie sorgfältiger Koordination, rund zwei Monate nach seinem Erscheinen bereits im Mai 1999 mit 24 Teilnehmerinnen und Teilnehmern ausgebucht; bis zu seinem Start im September desselben Jahres trafen noch zahlreiche Anfragen ein, die wir – außer in zwei Fällen – auf das nächste Mal vertrösten mußten.

Das EGM-Konzept

Der oben aufgezeigten Problemlage einer Zersplitterung der Mediationsausbildungen nach Gesichtspunkten der Spezialisierung in bezug auf Anwendungsfelder oder Professionen wurde die Idee einer verhältnismäßig einfachen curricularen Gliederung zur Seite gestellt, die auf unterschiedliche soziale Komplexitäten abstellt. Unabhängig vom sachlichen Inhalt sehen sich Mediatorinnen und Mediatoren stets einem oder mehreren konfligierenden sozialen Systemen gegenüber, deren „Management" ihre Aufgabe ist. So unterschieden wir Mediation und Konfliktmanagement, in aufsteigender Komplexität geordnet, analytisch im Kontext von: Zweierbeziehung – Familie – Gruppe – Intergruppenprozeß – Organisation (Gesellschaft).

Kommunikation und Streitdynamik etwa zwischen zwei Nachbarn oder Arbeitskollegen, Schülern, Geschäftspartnern etc. verlaufen, selbst kulturübergreifend, prinzipiell nach ähnlichen Mustern, ebenso deren Regelungsprozesse und manchmal auch -rituale. Dasselbe gilt für Konflikte innerhalb von und zwischen Systemen mit höherer Personenanzahl, wobei sich innerhalb von komplexeren Sozialkonfigurationen immer gleichzeitig auch weniger komplexe Subeinheiten wiederfinden. So entstehen vor allem außerhalb von Zweierbeziehungen, insbesondere im Organisations- und Gesellschaftskontext, ineinander verwobene Geflechte mit mannigfaltigen Wechselbeziehungen und gegenseitigen Einflüssen. Durch die Aufmerksamkeitsverschiebung weg vom Sachzusammenhang hin zur Soziodynamik sowie der „dazugehörigen" Kommunikationsstruktur gelang uns eine übersichtliche Eingrenzung des Lerngegenstandes auf rund fünf Perspektiven sozialer Systeme, denen Mediatoren gegenüberstehen können.

Die sechste und wohl wichtigste Bezugsgröße ist jedoch die Mediatorin oder der Mediator selbst. Es ist ihre/seine Person in ihrer gesamten Betroffenheit, die den jeweiligen Systemen – mit anderen Worten: ihren/seinen Auftraggebern – gegenübersteht. Sie/er selbst ist das Werkzeug dazu. Die primäre Verantwortlichkeit besteht im Versuch, lösungskonstitutive Kommunikation zwischen den Streitenden in all ihrer Betroffenheit (wieder)herzustellen. Erfahrungsgemäß lassen sich verhärtete Konfliktszenarien am wirksamsten und, sofern möglich, in direkter Konfrontation und sinnlicher Wahrnehmbarkeit der „Gegner" bearbeiten.

Dieses Erfordernis der Unmittelbarkeit, also der möglichst direkten Auseinandersetzung zwischen Entscheidungsbefugten zum Vertrauensaufbau auf dem Weg zu einem Ergebnis, spielt dabei eine besondere Rolle in bezug auf die Kompetenzen von Mediatoren. Sie involvieren sich dabei höchstpersönlich als „natürliche" Person mit all ihren authentischen Regungen und Emotionen. Rückzug oder ein Sich-Verschanzen hinter dem Schreibtisch, schützenden Rechtsnormen oder autoritärer Macht ist dabei nur sehr eingeschränkt möglich. Es ist – im Gegenteil – *ein* Element des mediatorischen Auftrags, teilweise als Projektionsfläche zu fungieren.

Die klassische Subjekt-Objekt-Spaltung wissenschaftlicher Betrachtung und didaktischer Aufbereitung sowie Vermittlung – mit anderen Worten: die rein theoretisch-reflexive Wissensvermittlung (etwa Frontalvortrag, Fernunterricht) – ist daher für eine Mediationsausbildung denkbar ungeeignet. Zu mediierende Zusammenhänge können nicht wie ein „toter" Gegenstand einfach „hergerichtet" und kalkuliert werden. Ständig erfolgen Wechselwirkungen, Unwägbarkeiten oder Unerwartetes, mit dem „überhaupt niemand" gerechnet hätte, für die es kein ultimatives Rezept gibt. Die Ein- und Auswirkungen des „Störelements" Mediator etwa sind ebenso zu berücksichtigen wie die Reaktionen auf Interventionen von außen. Um bei diesen – auch ängstigenden – mediatorischen Anforderungen die nötige Sicherheit und Routine zu erlangen, sind zum einen unmittelbare Kenntnisse der grundlegenden Dynamiken und Strukturen unterschiedlicher Sozialkonfigurationen zu vermitteln. Zum anderen haben Ausbildungskandidaten Fertigkeiten zu internalisieren, in welcher Weise konflikthafte Verläufe und Kommunikationsstörungen gehandhabt werden können. Neben dem persönlichen Erfahren in „Laborsituationen" und „Fallsimulationen" etc. enthält die Lernarchitektur des Curriculums methodisches Erproben, theoretische Reflexion sowie ausreichend Praxisbezug.

Fachwissen und Praxiserfahrung

Zahlreiche Fachmeinungen gehen davon aus, daß – entgegen dem Modell des Mediators als hinsichtlich des Inhalts unkundigem (vgl. oben) „Nichtwissenden" – Mediatoren auch über eine gewisse Fachkompetenz in ihrem Tätigkeitsfeld zu verfügen haben. So etwa Horst Zilleßen: „Die Verfahrenskompetenz muß ergänzt werden durch eine Fachkompetenz, die sich zum einen auf den Gegenstand des Konflikts bezieht. Hier kann und sollte der Mediator kein Experte sein, aber doch über ein solides Grundwissen verfügen, so daß er die Verhandlungen sachkundig leiten und zu sachgemäßen Lösungen führen kann. Zu dieser Fachkompetenz gehören zum anderen auch ausreichende Kenntnisse über die politischen, rechtlichen und administrativen Rahmenbedingungen, unter welchen die Verhandlungen stattfinden und die gerade bei umweltpolitischen Verfahren oft von erheblicher Bedeutung sind."

Es soll hier nicht diskutiert werden, ob nun Mediatoren über inhaltliches Fachwissen, über rechtliche oder psychosoziale Kenntnisse sowie über die Rahmenbedingungen in ihrem speziellen Handlungsfeld verfügen *sollten* oder nicht. Abgesehen von der jeweiligen methodischen Herangehensweise oder der „Schule", der sie folgen, wird für diese Frage wohl auch ihr persönliches Sicherheitsbedürfnis relevant sein. Im Hinblick auf die Rahmenbedingungen des Mediationsverfahrens selbst (also etwa das Auftragsverhältnis, die Honorarvereinbarung, Haftungsfragen) oder in bezug auf das – nach den meisten Definitionen – auf die Erarbeitung einer den rechtlichen Anforderungen entsprechenden Vereinbarung gerichtete Ziel von Mediationen wird, trotz Einbeziehung von Rechtsexperten in die Mediation, zumindest rechtliches Grundwissen erforderlich sein. Ebenso selbstverständlich sind, abgesehen von den oben erläuterten soziodynamischen Kompetenzen, psychosoziale oder kommunikative Grundlagenkenntnisse. Wie sonst könnte eingeschätzt werden, ob etwa eine „Eignung" zur Mediation besteht oder ob Wesentliches überhaupt „verstanden" wurde.

Bejaht ein Ausbildungskonzept jedoch die Notwendigkeit einer Inhaltsexpertise, so erhebt sich sofort die Frage ihrer curricularen Berücksichtigung. Es droht hierbei wiederum eine Reproduktion fachlicher Segmentierung und Überfrachtung mit Anforderungen nach Spezialwissen. Allein rechtliches oder psychologisches Basiswissen kann niemals in einem Schnellverfahren eingetrichtert werden. Um in diesen Gegenständen einigermaßen firm zu werden, sind, wie bereits erwähnt, hunderte Ausbildungsstunden vonnöten. Wo fängt man hier an, wo hört man auf? Ein, zwei Wochenendseminare zu je dreißig Lehrstunden, wie von manchen Ausbildungsordnungen verlangt, sind nicht einmal ein Tropfen auf den heißen Stein.

Hinsichtlich dieses Punktes hat sich beim EGM folgende Vorgangsweise entwickelt: Teilnehmer haben, neben einer Grundausbildung und Praxiserfahrung, einen Zugang zu beruflichen Konfliktkonstellationen zu gewährleisten. Das heißt, daß sie in einem Feld tätig sein müssen, in dem sie das entsprechende inhaltliche Fachwissen bereits erworben haben. Die Lehrgangsleitung geht davon aus, daß die werdenden Mediatorinnen und Mediatoren, nach dem der Mediation inhärenten Prinzip höchstmöglicher „Selbstregulierung", ganz nach ihren individuellen Spezialkenntnissen, selbst entscheiden können und wollen, in welchem speziellen Anwendungsgebiet sie künftig tätig werden und ob sie sich dabei ein Praxiskonzept der Mediation entwickeln, das sich eher inklusive fachinhaltlicher Expertise versteht oder eben exklusive. Benötigen sie Fachwissen, so können sie ihr Gegebenes heranziehen.

Zusammengefaßt beinhaltet demnach das EGM-Konzept fünf grundlegende Lernziel-Dimensionen:
- Das Individuum, die Person des Mediators als „Instrument" des sozialen Prozesses.
- Die theoretischen Grundlagen von sozialen Komplexitäten und Strukturen.
- Die methodischen und theoretischen Grundlagen von Mediation und Konfliktmanagement.
- Das reflektierende Begreifen von Konfliktdimensionen und Mediationssituationen.
- Die relevante Anwendung in der jeweiligen Praxis der Teilnehmer.

Allgemein formuliert lauten die EGM-Ziele gemäß den Statuten folgendermaßen: „Mediatorinnen und Mediatoren bewegen sich permanent in unbekannten, unsicheren und komplexen Konfigurationen und müssen in diesen professionell handeln. Dazu bedarf es eines theoretischen Fundaments, methodischer

Fertigkeiten, Kenntnis über Ziele oder Aufgaben des zu mediierenden Systems und eines hohen Maßes an sozialer Flexibilität und Kompetenz. Diesen Grundvoraussetzungen Rechnung tragend, soll der Universitätslehrgang Spezialistinnen und Spezialisten heranbilden, die, aufbauend auf einer gefestigten inhaltlichen und theoretischen Expertise, über Sozialkompetenzen für die Tätigkeit als Mediatorin oder Mediator verfügen."

Schlußbemerkungen

Bei aller Euphorie des Neuanfangs darf nicht übersehen werden, daß Mediation kein „Allheilmittel" sein kann. Ebensowenig ist das Thema dazu geeignet, gesamtgesellschaftliche Probleme aufzufangen. Nur allzugroß ist die Verführung, Ungelöstes alibimäßig an Orte zu verbannen, die im Endeffekt dysfunktionale Konstellationen lediglich konservieren. Enttäuschung und Schuldprojektionen sind die unausweichliche Folge.

In meinen Seminaren und Trainings höre ich von verschiedenen Berufsgruppen regelmäßig zu Beginn die Bemerkung: „Das haben wir ja schon immer gemacht." Ja, das glaube ich auch: Jeder hat schon immer mediiert, seit Menschengedenken, sonst könnten wir gar nicht überleben. Diesbezügliche Kompetenzen gehören zum Basisrepertoir des Menschseins. Intuition, Talent sowie Erfahrung sind dabei Meilensteine. Die Herausforderung für Lehre und Weiterbildung ist es jedoch, derartige vorhandene Kompetenzen zu verfeinern, zu verfestigen, auf ein theoretisches Gerüst zu stellen, damit so etwas wie professionelle Mediationstätigkeit entstehen kann. Dazu gehört auch die Entwicklung neuartiger Lernformen, die Partizipation und Eigenaktivität fordern und fördern, gleichzeitig aber auch Raum lassen für Reflexion von vorhandenem Wissen. Seitens der Verantwortlichen und der Wissenschaft ist dazu Kooperation zwischen den Disziplinen und mit der Praxis angesagt. Und das ist im abgelaufenen Jahrhundert kaum gelungen. Mediation geht nicht nur Juristen, Sozio- oder Psychologen etwas an, sondern etwa auch die Betriebswirte, Rhetoriker, Kommunikationswissenschaftler; ja auch die Mathematiker wären davon betroffen, da die Verhandlungsprozesse in der Mediation auch als Spiel begriffen werden können, welches die Spieltheoretiker herausfordert, wie Friedjof Haft es formuliert.

Interdisziplinäres Arbeiten zu organisieren, ist die übergeordnete Herausforderung für das nächste Jahrhundert. Kooperationsarchitekturen zu initiieren, zu gestalten und durchzustehen als Vorbild und Modell, dessen Dynamik sich auf konstruktive Bewältigungsprozesse von Konflikten überträgt, die sich nicht disziplinär einordnen lassen. Geben wir, schon von „Kindesbeinen" an, dieser Zukunft eine Chance.

Karin Lackner

Soziodynamische Gestaltungskompetenz

Soziale Kompetenz ist das, was neben dem Fachwissen in der Arbeitswelt immer unverzichtbarer wird. Diverse Bildungsangebote, die all das, was darunter fällt, anbieten, finden sich allerorts, nur nicht an Universitäten. Um dieses Manko zu beheben, hat sich in Klagenfurt eine Projektgruppe zusammengetan, um einen Universitätslehrgang mit dem vorläufigen Titel „Soziodynamische Gestaltungskompetenz" zu konzipieren und zu realisieren. Ein Werkstattbericht.

Die Projektgruppe traf sich erstmals am 4. Oktober 1999. Sie sollte sich mit der Frage beschäftigen, ob Soziale Kompetenz im Rahmen einer universitären Ausbildungsform vermittelt werden könne, wie ein solches Programm auszusehen hätte, um den sich verändernden Anforderungen einer sich verändernden Praxis gerecht zu werden, und in welcher Form Soziale Kompetenz überhaupt zertifizierbar wäre. Bis heute diskutiert die Projektgruppe über den Namen eines solchen Programms; der Arbeitstitel „Soziodynamische Gestaltungskompetenz" beinhaltet lediglich alle Elemente des Vorhabens, eine weniger krampfhafte Bezeichnung wird noch gesucht.

Wie kam es zu diesem Vorhaben?

Die Weiterentwicklung einer der Gründungsideen von Peter Heintel an der Universität Klagenfurt, nämlich Gruppendynamik als Fachkombination – bzw. ab dem Wintersemester 1999/2000 als eigenen Schwerpunkt im Rahmen des neu etablierten Psychologiestudiums – anzubieten, brachte plötzlich einen Hauch Praxis in die akademischen Konsumgewohnheiten der Studierenden und Lehrenden. Nicht nur zu hören, Gehörtes zu lernen und zu diskutieren wurde dort verlangt, sondern auch zu tun und zu reflektieren. Die Beteiligten wurden selbst zum Gegenstand ihrer Betrachtung und mußten an dem, was sich unter, zwischen und mit anderen abspielte, Hypothesen entwickeln, welche, einmal geäußert, sofort wieder zum Gegenstand der Betrachtung wurden usw. Aus einem akademischen „Soll", das durch wissenschaftliches Lernen erreicht wird, wurde ein Prozeß, das Soll jeweils aus dem Ist des Hier und Jetzt einer Situation heraus entwickelt. Die Konsequenzen waren:
– Lehrende mit Praxiserfahrung. Sie mußten selbst erst Beteiligte an einem Prozeß gewesen sein, um Prozesse erkennen und steuern zu können. Also: Raus ins Feld. Neben dem Lesen das Tun.
– Lern- und Übungsfelder für die Lernenden.
– Die Weiterentwicklung des Ansatzes in Hochschullehrgängen: Was macht man, wenn nichtstudierende Interessenten an der Universität lernen wollen?

wenn ein Bedarf nach Ausbildung geortet wird, dem keine Studienrichtung gerecht werden kann? wenn Wichtiges, zu einem Fach Gehörendes im Studienplan nicht untergebracht werden kann? wenn eine ganze Berufsgruppe einen akademischen Bildungsweg anstrebt, den es herkömmlicherweise nicht gibt? – Man macht einen Universitätslehrgang! Dort soll die Wissenschaft an die Praxis geknüpft oder die Praxis an die Wissenschaft angekoppelt werden. Was braucht man dazu am nötigsten? Soziale Kompetenz. Die Lehrenden, weil es hier nicht nur darum geht, Fakten zu vermitteln, sondern auch darum, das mitgebrachte Wissen und die Erfahrung der Teilnehmer zum Inhalt und darum nutzbar zu machen. Außerdem gibt es hier so etwas wie „Marktdruck".

Ob innerhalb der Universitäten oder außerhalb – der Ruf nach Sozialer Kompetenz hallt immer deutlicher. In letzter Zeit gesellt sich eine Oberstimme dazu, die deutlich hörbar auf den Mangel an Gestaltungskompetenz aufmerksam machen will.

Soziale Kompetenz

Hören wir doch zunächst die Hauptstimme bzw. jene, die sich zuerst meldete: das Leitmotiv „Soziale Kompetenz". Machen wir einen kleinen Ausflug in die jüngere Geschichte unserer Organisationen.
Es war einmal ein Patriarch. Damals war er nicht „sozial kompetent". Er hatte Persönlichkeit, Charisma oder Begabung. Es gab solche, die konnten mit Menschen umgehen, und andere, die konnten dies nicht. Ihnen ging man aus dem Weg. Meistens half auch Wissen, Fachwissen, das handwerkliche Können, das Geschick, der Überblick, den man hatte, so man das Geschäft von der Pike auf gelernt hatte. Mitarbeiter waren abhängig und wohl deswegen auch loyal. In einer ordentlichen, geordneten hierarchischen Welt – wer brauchte da Soziale Kompetenz? Wer braucht Kollegialität und Teamarbeit, wenn jeder genau weiß, was er zu tun hat und das ganze ihn nicht kümmern muß?
Dann die ersten Klagen. Man kam mit den Menschen nicht mehr zurecht. Motivation mußte her, damit sie wieder so taten, wie Herr wollte. Der humanistische Gedanke verunsicherte die eingefleischten Autoritäten. Der Aufstand der Untertanen machte sie zwar zornig, aber nicht sicher. Eigenschaften, die der Führernatur zugerechnet wurden, galten nicht mehr immer und für alle Fälle. Fazit: Der Führungsstil kam unter die Lupe. Man erlaubte sich ein wenig Demokratie, führte ab nun am besten kooperativ und versuchte so das verblaßte Image vom charismatischen Leader ein wenig aufzupolieren.
Untereinander wurde es mit abnehmender Ehrfurcht gegenüber den Vorgesetzten unruhig. Der Sicherheit des uneingeschränkt Abhängigen beraubt, fühlte man sich verloren unter lauter „Gleichen". Man hatte miteinander wenig zu tun. Die Kommunikation lief über den Chef, und wenn die Anweisungen in Ordnung

waren, brauchte man – außer bei Betriebsfeiern oder Gewerkschaftsveranstaltungen – mit den anderen eigentlich gar nicht in Kontakt treten.

Soziale Kompetenz war und ist eine Qualifikation, die erforderlich wird, wenn eine Person in einen wie immer gearteten Prozeß mit anderen Personen oder Strukturen eintritt. Solange man sich in schulischer, universitärer oder anderer Ausbildung befindet, war man bisher selten aufgefordert, sich sozial kompetent zu verhalten. Vielmehr war man KonsumentIn sozial kompetenter LehrerInnen und/oder AusbildnerInnen, genoß deren Kompetenz oder litt, wenn diese vermißt wurde. Schwerpunktmäßig richtete sich Ausbildung meist an die fachliche Qualifikation des Kandidaten/der Kandidatin, diese/r wurde mit dem notwendigen fachlichen Rüstzeug und Know-how ausgerüstet, abgeprüft und in die Praxis entlassen. Man hatte in zahlreichen Einzelleistungen in Konkurrenz zu anderen seine/ihre Leistungen erbracht.

Der Bedarf aus der Sicht der Arbeitnehmer: Nun ist man entweder in der glücklichen Lage, einen Arbeitsplatz ergattert zu haben, oder in der weniger, aber zunehmend häufigeren unglücklichen Lage, entweder keinen Arbeitsplatz sein/ihr eigen nennen zu können oder auf einem nicht der Ausbildung entsprechenden Arbeitsplatz zu improvisieren. Gehen wir zunächst vom ersteren, glücklichen Ereignis aus:

Erstes Szenario: Ausbildungsadäquater Arbeitsplatz. Die Situation, in der man sich jetzt befindet, ähnelt in keiner Weise der Ausbildungssituation. Eingebunden in eine Struktur, kommt man mit der erworbenen Lernautonomie nicht weit. Arbeit und Leistung müssen mit anderen abgestimmt werden, die Gesetzmäßigkeiten des Arbeitgebers sind hierbei zu berücksichtigen. Konkurrenz ist zwar erlaubt, aber Kooperation wird zur neuen Herausforderung. Arbeitet man gar in einem Team, so muß man sich und seine Leistungen plötzlich koordinieren, abstimmen, sich durchsetzen oder unterordnen, die eigenen – zugegeben hervorragenden – Ideen gehen den Bach hinunter, weil sie nicht in ein schon bestehendes Konzept passen usw. Meist ist man Dienstjüngster im Team und hat demzufolge am wenigsten das Sagen. Stellt man sich zu sehr in den Vordergrund, will man mit dem mitgebrachten Schwung endlich einmal neuen Wind in die Sache bringen, wird man allzu rasch von den anderen eines Besseren belehrt. Irgendwann hat man es dann begriffen und sich den herrschenden Verhältnissen angepaßt. Man macht so seine Erfahrungen und lernt. Die einen erweisen sich als Naturtalent und sind schon bald in der Lage, sinnvoll in das soziale Geschehen einzugreifen oder es gar zu steuern; die anderen treten von einem Fettnäpfchen in das andere. Es gibt auch solche, die nehmen sich den Chef oder eine/n mehr oder weniger wichtige/n Kollegen/Kollegin zum Vorbild. Oft wissen weder die Naturtalente noch die ins Fettnäpfchen Tretenden noch die Nacheiferer, was sie tun.

Zweites Szenario: Gute Ausbildung, kein Arbeitsplatz – erwerbslos. Gerade im Umgang mit dieser Situation hilft mir meine fachliche Qualifikation nicht weiter. Was nützt es, chemische Formeln auswendig hersagen, lateinische Literatur zitieren zu können, wenn es darum geht, sich als Person auf dem Arbeitsmarkt zu verkaufen, Bewerbungsschreiben zu formulieren, Bewerbungsgespräche zu führen, sich um Unterstützungen zu kümmern, geschickt zu verhandeln etc.? Ein strapaziertes Selbstbewußtsein wirkt sozial inkompetent und mindert die Chancen. Unsicherheit engt ein und behindert das kreative Potential, die Möglichkeiten einer solchen Situation wahrzunehmen.

Drittes Szenario: Gute Ausbildung, ausbildungsfremder Arbeitsplatz. Wie schnell kann ich umlernen? Meine kreativen Möglichkeiten zum Ausdruck bringen, meine verborgenen Talente sichtbar machen? Habe ich die Gabe, zu gestalten, Impulse zu setzen, neue Entwicklungen zu starten? Aber wie umsetzen? Alles, was mir mitgegeben wurde, ist eine fachliche Qualifikation, die nicht gefragt ist.

Der Bedarf aus der Sicht der Arbeitgeber: Arbeitgeber wußten es schon immer: Mit Abgängern von Ausbildungsinstitutionen ist zunächst nicht viel anzufangen. Das, was sie an fachlicher Qualifikation mitbringen, muß erst auf den Alltag umgerüstet werden. Mitarbeiter werden daher „geschult". Einige haben dafür betriebseigene Einrichtungen, andere nutzen das Angebot des freien Marktes für diesen Zweck. Eine Sichtung des Programms solcher Institutionen, sei es nun ein betriebseigenes oder ein betriebsfremdes Programm, weist einen nicht unbeträchtlichen Anteil an verhaltensorientierten Seminaren und Veranstaltungen auf. Was hier nachgeschult wird, ist vor allem Soziale Kompetenz. Mitarbeiterführung und Motivation, Kommunikation, Umgang mit Konflikten, Verhandlungstechniken, Präsentationstechniken, Zeitmanagement, Teamentwicklung, Umgang mit Arbeitsgruppen, Projektmanagement, Leiten und Führen in Gruppen ... ich könnte vermutlich die restlichen Seiten dieses Beitrages mit derlei Schlagwörtern füllen.

Führen ist vom Beiläufigen zu richtiger Arbeit geworden, Unternehmen und unternehmensähnliche Einrichtungen haben dies längst eingesehen. Auch die traditionellen unter ihnen, patriarchalisch hierarchisch geführt, wissen, daß die Kopie des Chefs nicht mehr ausreicht, um auf den mittleren Ebenen effiziente Personalarbeit zu leisten.

Gestaltungskompetenz

Hören wir zur vorhin erwähnten Hauptstimme „Soziale Kompetenz" eine sich hinzugesellende Oberstimme, die ich „Gestaltungskompetenz" nennen möchte. Aus den schnell aufeinanderfolgenden Veränderungsprozessen in Organisationen aller Art ergibt sich ein Bedarf nach Gestaltungskompetenz, nach Sozialarchitektur.

Mittlerweile erweist sich nämlich ein/e einstmals derart sozial kompetent Geschulte/r mit seinem/ihrem Verhalten als veraltet, nicht mehr zeitgemäß. Fazit: nach- bzw. umlernen! Da sich aber zur Zeit die Verhältnisse, die Umstände, die Strukturen schneller verändern, als die Führungskräfte und Mitarbeiter lernen können, wird Herumdoktern an Personen zunehmend ineffizient. Heute macht man die Situation, selten die Menschen, für Unzulänglichkeiten verantwortlich, womit auch klar ist, daß eine Verhaltensänderung des Menschen bzw. seines Führungsstils allein nicht genügt, dieser Situation Herr/Frau zu werden. Das Problem sei zu komplex geworden, man lebe zunehmend mit einer – hierarchisch betrachteten – Kompetenzumkehr; nicht von Arbeitsteilung und Kontrolle ist mehr die Rede, sondern von Prozessen und deren Steuerung. Jeder ist für jeden Diener. Eine Aufgabenstellung schafft einer nicht mehr allein, das Team muß her. Arbeitsteilung passiert nicht mehr nur zwischen Menschen, sondern zwischen Systemen.

Das erfolgreiche Gebilde Hierarchie hat Risse bekommen und steht sich selbst im Weg. An allen Ecken und Kanten sind Restaurateure am Werke, um dem Ding einen neuen Glanz zu geben, ihm Diäten zu verpassen – denn lean ist in –, um es um Projekte zu erweitern und um Matrixknotenpunkte zu ergänzen. Kurzum, selbst bei bester Begabung und Persönlichkeit ist die Situation sowohl charismatisch als auch sozial kompetent kaum mehr bewältigbar.

Eine derartige Veränderungskultur verlangt von Mitarbeitern Flexibilität, sich permanent auf neue Situationen einzustellen. Es wird von ihnen erwartet, sich unternehmerisch im Unternehmen zu betätigen, was ganz andere Qualifikationen voraussetzt, als Aufträge ordnungsgemäß auszuführen. Die einstige Anweisung wird ersetzt durch Rahmenbedingungen, innerhalb derer die Führungskraft ihren eigenen Gestaltungsspielraum hat. Was fängt man damit an? Woher die notwendige Handlungssicherheit nehmen? Wen kann man fragen? Wer hat noch eindeutige Antworten?

Die einen werden wieder „gläubig", klammern sich an die einst aus der Schule mitgebrachten Tugenden von Einzelkämpfertum, Mißtrauen gegenüber den Kollegen und die sich daraus ergebende Kommunikationslosigkeit und legen ihr Schicksal in die Hand einer gefürchteten, verehrten Autorität. Die anderen sind – sozial kompetent geschult – mündig geworden. Diese mündigen Mitarbeiter mit ihren Qualifikationen, mit all den erworbenen Eigenschaften wie Team-, Motivations-, Koordinationsfähigkeit, Fähigkeit im Umgang mit Zeit, Zuhören-können-Fähigkeit, Konfliktfähigkeit, Projekt-leiten-können-Fähigkeit, Unternehmer-im-Unternehmen-sein-können-Fähigkeit, etc.-Fähigkeiten, mit ihrem kreativ trainierten Geist, ihrer Flexibilität und Mobilität, ihren Hochglanzindividualitäten und ihrem Karrierestreben, ihrer hundertfünfzigprozentigen Einsatzbereitschaft fühlen sich berufen, in Zeiten wie diesen das Steuer zu übernehmen und das Schiff durch die rauhe See der Veränderungen hindurch zu navigieren.

Aber selbst wenn das Zwischenmenschliche gelingen sollte – ein Manager des ausgehenden 20. Jahrhunderts muß sich um Strukturen kümmern. Er muß eine seinem Unternehmen möglichst maßgeschneiderte Sozialarchitektur entwerfen und diese dann implementieren. Strukturelle Veränderung bedeutet Auflösung von alten Strukturen, Verbindungen und Zugehörigkeiten. Jede Auflösung von Struktur bedeutet für die Personen zunächst Strukturlosigkeit. Aus einer geordneten Welt wird vorübergehend eine unstrukturierte Masse. In der Masse lösen sich Ich-Strukturen auf, das wissen wir schon seit Sigmund Freud. Andererseits befreit die Masse vom Joch des Eingebundenseins in vorgegebene Strukturen und setzt ungeahnte Möglichkeiten frei. Das wissen wir von Peter Heintel. Was wir erleben und von außen beobachten können, wenn wir nicht unmittelbar Beteiligte sind, ist die zwischenzeitliche emotionale und strukturelle Diffusität, die sich wie ein Schleier über Menschen und Organisationen legt. Diffusität ist grundsätzlich unangenehm. Der Verlust von Zugehörigkeit wurde und wird von Menschen als äußerst bedrohlich erlebt. Menschheitsgeschichtliche Ängste werden wach und mischen sich ungefiltert in den Nebel der diffusen Situation.

Angst wirkt unkontrolliert in verschiedene Richtungen. Die einen, beflügelt, stürzen sich in unkoordinierte Aktivitäten, versuchen, die Situation mittels der jetzt erlebten Freiheit zu neuen Ufern (die man zu diesem Zeitpunkt zwar nicht kennt, aber das macht nichts; Hauptsache, es tut sich etwas!) zu steuern. Die anderen, überwältigt von der Situation – „gelähmt" vor Angst, heißt es umgangssprachlich –, versuchen durch die Diffusität durchzutauchen und verharren solange regungslos, bis der Spuk vorbei ist.

Mitarbeiter, Führungskräfte, Manager, die mit solchen oder ähnlichen Tatsachen konfrontiert sind, brauchen nicht nur soziale Kompetenz, also eine Kompetenz, als Person adäquat reagieren zu können, sie brauchen in zunehmendem Maß Soziodynamische Gestaltungskompetenz: Wie schaffe ich dort, wo ich die Möglichkeit dazu habe, Strukturen, in denen sinnvoll gearbeitet und agiert werden kann? Wie organisiere ich Rückkoppelungsprozesse und Informationstransparenz?

Diese Führungsarbeit – ich nenne sie der Einfachheit halber „structuring" – hat in diesem Sinn mehr Ähnlichkeit mit Regiearbeit als mit Verhaltenssteuerung. Die Rollen sind angelegt auf Flexibilität, Umgang mit dem Unvorhersehbaren, Sich-Einlassen auf neue Situationen, Denken in Alternativen, darauf, das Unmögliche möglich zu machen, aus dem Angebot der Gegebenheiten zu schöpfen und etwas daraus entstehen zu lassen, aus einem mit einem reichhaltigen Repertoire gefüllten Köcher im richtigen Moment das Geeignete herauszuziehen, auf Loslassen-Können von und Festhalten an gerade eben erst Entstandenem – neue Tugenden, die in einem schwindelerregenden Tempo von Veränderungen, in einem Sumpf von Unsicherheit, in einer aus Unbeständigkeit bestehenden Zukunft ein Überleben ermöglichen könnten.

Thema

Skizzen zu einem Ausbildungsprogramm

Wie müßte ein Qualifikationsprogramm für Soziodynamische Gestaltungskompetenz aussehen, um diesen geschilderten Anforderungen zu genügen; mit welchen Widersprüchen und Schwierigkeiten wird zu rechnen sein?

Freiheit versus Grenzen

Die Realität bietet keine Zukunftssicherheit mehr. Der mittlerweile schon abgedroschene Spruch „Das einzige, das sicher ist, ist die Veränderung" sagt uns, daß wir auf keine gesicherten Modelle zurückgreifen können, die Erfolg und gesichertes Fortkommen garantieren. Wir sind auf einen Zustand des Ausprobierens und Evaluierens, des Lernens an uns und durch uns selbst zurückgeworfen. Dafür brauchen wir zweifelsohne ein Rüstzeug (Soziale Kompetenz). Wir brauchen aber auch Sicherheit im Umgang mit Unsicherheit, den Mut zur Kreativität, zu ungewöhnlichen Lösungen (Gestaltungskompetenz). Ein starres Ausbildungskonzept, vorgegeben durch einen durchstrukturierten Ausbildungsplan, würde gerade den Umgang mit der Freiheit und der Unsicherheit ausblenden und den Teilnehmern Modellsicherheit suggerieren. Oder, anders gefragt: Kann man soziale Kompetenz in eine Lehrgangsorganisation pressen – das würde der Kreativität der eigenen Lernarchitektur widerstreben –, oder gibt es die Möglichkeit einer offenen, fließenden, prozessualen Gestaltung, entlang der die mit Sozialkompetenz Auszustattenden ihr persönliches Profil entwickeln können? Die Veränderbarkeit, die Arbeit entlang des Prozesses, müßte selbst zum Gegenstand der Ausbildung werden, Erworbenes und laufendes Geschehen integrieren. Die Verantwortung für die Gestaltung der Ausbildung würde demnach als Bestandteil der Ausbildung selbst an die Teilnehmer zurückdelegiert. Das Programm wächst in der gemeinsamen Auseinandersetzung entlang des Bedarfs, der sich mit jeder neuen Erfahrung redefiniert. Es muß einerseits Antworten auf die Neugier geben (z.B. durch Theorieangebote), Gelegenheit zum Ausprobieren im Trockentraining wie in der Realität (z.B. durch Seminare, Praxisprojekte), es muß jenen, die unbedarft sind, die Möglichkeit geben, Skills und Methoden zu erwerben (z.B. durch Methodentraining, Übungen zur Sozialen Kompetenz).

Entwicklungschancen versus Überprüfbarkeit von Soziodynamischer Gestaltungskompetenz

Egal, ob ich Soziale Kompetenz oder „Gestaltungskompetenz" „lerne" – dieses Lernen betrifft nicht nur meine Gedächtnisleistungen oder meinen investierten Fleiß, es betrifft die ganze Person. Wie ich auf andere wirke, meine Authentizität, meinen Stil, meine Gefühlswelt, meine Grenzen dessen, was ich ertragen kann. Soziales Lernen verunsichert und führt die Personen zunächst in eine

Identitätsdiffusion. Um dies nachvollziehen zu können, stellen Sie sich bitte eine Prüfungssituation aus anorganischer Chemie vor. „Durchgefallen" heißt: Dieses Kapitel habe ich offenbar zu ungenau gelernt. – Alles reparabel, wenn ich will.

Und nun stellen Sie sich bitte eine Prüfungssituation in Beratungskompetenz vor (bin ich geeignet, andere Menschen zu beraten, oder nicht): „Durchgefallen" heißt: Ich weiß zunächst nicht, wieso ich durchgefallen bin. Was bin ich für ein Mensch? Warum kann ich das nicht? Was heißt beispielsweise, ich hätte mich zu sehr in den Vordergrund gedrängt? Wichtig zu sein gibt mir doch die nötige Sicherheit. Die Verunsicherung trifft die ganze Persönlichkeit.

Aus der Sicht der Prüfer gilt es zu entscheiden, ob gar nicht geeignet, ob gut geeignet oder vielleicht geeignet. Welche Maßnahmen müßten vorgeschlagen und eingerichtet werden, damit die Person die Möglichkeit hat, diagnostizierte Lernfelder zu bearbeiten? Es ist relativ einfach, als Prüfer einen erfolglosen Kandidaten mit dem Rat wegzuschicken: „Kommen Sie in 14 Tagen wieder und lernen Sie Kapitel XY." Es ist relativ schwer, einem erfolglosen Sozialkompetenzler zu sagen: „Schau Dich um etwas anderes um!" Worum denn? Um eine neue Persönlichkeit, einen anderen Charakter? „Durchgefallen" heißt hier Identitätsdiffusion und Krise. Damit ist die „Prüfung" nicht erledigt und auch nicht auf den nächsten Termin vertagbar. Diese Art des Lernens, das Überwinden von Widerständen, das Akzeptieren von Einsichten braucht eine nicht vorher bestimmbare Eigenzeit. Wie bringt man die in einem Curriculum unter?

Für ein Prüfungssystem im Bereich Sozialer Kompetenz wäre es demnach sinnvoll, möglichst frühzeitig eine Nichteignung festzustellen und den Betroffenen nahezulegen, von dieser Ausbildung Abstand zu nehmen. Ab wann ist man sich da sicher? Ich habe auch schon Wenden erlebt, die erst ganz spät auftraten. Die Entscheidung verführt auch die „Prüfer" in die schon geschilderte Diffusität, und „Abwarten" ist hier manchmal ein willkommener Ausweg – leider mit dem über einem schwebenden Damoklesschwert, daß sich die Feigheit des Anfangs am Ende rächt.

Eine andere Variante, die wir in einem Lehrgang ausprobiert haben, ist, entlang des Lernprozesses Feedbackschleifen für die Teilnehmer einzurichten, wobei die jeweiligen Lernfelder redefiniert werden können. Dieses System wird von der Hoffnung der Prüfer genährt, irgendwann werde der Kandidat schon selbst draufkommen, daß er nicht geeignet ist, und uns Prüfern diese Entscheidung abnehmen. Nicht immer ist den Prüfern dieses Glück hold, und jene, die empfänglich für Schuldgefühle sind, haben diese dann auch. Ständige Rückkoppelung erfordert eine kontinuierliche Arbeit mit denselben Personen, und das erreicht man am besten mit einer fixen Lehrgangsgruppe, einem fixen Staff und einem ebenso fixen Programm. Womit wir der vorhin erwähnten notwendigen Freiheit einen Strich durch die Rechnung gemacht hätten.

Thema

Als geeignet für die Überprüfung sozialer Kompetenz hat sich auch folgendes System erwiesen (Peter Heintel nannte es einmal das „Aufgeklärte Meisterprinzip"): In einer Realsituation – etwa einer Organisationsberatung, einer Teamentwicklung – gehen Meister und Lehrling gemeinsam ans Werk. Der Meister beurteilt den Lehrling bei der Arbeit, dieser hat Einzelunterricht und Identifikationsgelegenheit. Stellungnahmen von GutachterInnen und die Koordination der verschiedenen Meister ergeben ein relativ umfangreiches Bild des Kandidaten. Diese Variante funktioniert unter folgender Bedingung: Die diversen Meister des Trockentrainings (Seminare), der individuellen Überprüfung (Assessments), der Realsituationen (Projekte) müssen sich gemeinsam über die Qualifikation der Kandidaten *unterhalten*. Sie müssen zusammenkommen, diskutieren und beschließen. Dazu braucht es seitens des Staffs „Gestaltungskompetenz". Das, was bei schriftlichen Gutachten immer „ausgelegt" werden kann, muß gemeinsam „klargelegt" und im Licht unterschiedlicher Erfahrungen und Informationen betrachtet werden.

Peter Heintel, Larissa Krainer

Bildung und Ökonomie

> Bildung wird immer mehr auf Effizienz, Output und Nutzen hin beurteilt, ihre Inhalte werden arbeitsmarktpolitischen Anforderungen unterworfen. Damit einher geht eine Tendenz zur Privatisierung und Entstaatlichung von Bildungsinstitutionen. Die Reduktion der Bedeutung von Bildung auf ihre Brauchbarkeit für Wirtschaft und Staat läßt Defizite entstehen. Künftig werden auch Überlegungen angestellt werden müssen, welche (freie) Bildung die Selbstbestimmung der Menschen fördert und somit eine mündige zivile Gesellschaft gewährleistet.

Spätestens seit die sogenannte „Bildungsexpansion" in den sechziger und siebziger Jahren auch vor den Schul- und Hochschultüren Österreichs nicht halt machte, mußte selbst den elitärsten Skeptikern bzw. den skeptischsten Eliten klar werden, daß, wenigstens in unserer Demokratie, das Recht auf Bildung und der ihm notwendig innewohnende freie Zugang zu ihr staatspolitische Bildungsprämissen geworden sind. Damit Hand in Hand gehend verbunden waren eine weitgehende ökonomische Fürsorge des Staates für Bildung, also die Finanzierung der Bildung (und ihrer Systeme) aus staatlichem Budget, sowie individuelle Unterstützungen zur Etablierung einer Chancengleichheit, letztlich einer Egalität der österreichischen StaatsbürgerInnen und ihrer Kinder – zumindest im Hinblick auf den Zugang zu höheren Schulen und Universitäten. Seitdem werden aber auch die „negativen Konsequenzen" dieser bildungspolitischen Grundhaltung propagiert: Neben der vielzitierten „Kostenexplosion" ist hier vor allem die häufig beklagte berufliche Chancenlosigkeit nach oder trotz absolvierter Schul- und Hochschulausbildung zu nennen; in jüngster Zeit mehren sich auch wieder die Stimmen jener, die kostenlose Bildung für Vergeudung von Steuergeldern halten und zudem den Verdacht äußern, daß sie zu Mißbrauch verführt.

KritikerInnen solcher Haltungen beschleicht unaufhaltsam der Verdacht, daß die propagierte Freiheit der Bildung zunehmend den Bedingungen einer freien Marktwirtschaft unterworfen werden soll. Für diese Behauptung, deren Konsequenzen in ihrer Tragweite erst abzuschätzen sein werden, wollen wir zuerst versuchen, Indizien auf verschiedenen Ebenen anzuführen, um sie zu verdeutlichen, aber auch zu erhärten. Dazu zählen neben einer sprachlichen und ideologischen Spurensuche eine Darstellung aktueller Debatten in bezug auf Umstrukturierungen im Universitätsbereich sowie eine historische Genese der Koppelung von Bildung und Ökonomie und ihren verschiedenen Auswirkungen auf Inhalte von Wissenschaft und Bildung. An sie schließen sich dann Überlegungen an, die Konsequenzen thematisieren, aber auch Perspektiven eröffnen sollen.

Thema

Bildung in der Sprache der Ökonomie

Eine der zentralen Fragen moderner Bildungsdebatten, insbesondere im Kontext neu zu erstellender Förderrichtlinien, lautet: Wann sind Kosten für Forschung und Bildung effizient eingesetzt? Die Antworten darauf sind vielschichtig und eindimensional zugleich: Wenn sie Wettbewerb fördern, zweckmäßig bzw. effizient sind oder wenn die durch sie Ausgebildeten einen Beitrag zur Mehrung des materiellen und immateriellen Wohlstandes der Gesellschaft leisten können, wenn die angebotenen Leistungen auf entsprechende Nachfrage stoßen, wenn sie zielorientiert arbeiten, ihre Nützlichkeit gewährleistet ist, wenn sie sich stärker einer „Output"-Orientierung unterwerfen und sich eine Kosten-Nutzen-Relevanz nachweisen läßt, wenn sie zunehmend für die Wirtschaft interessant werden und diese sich an ihrer Finanzierung beteiligt, wenn sich der Mehrwert der Forschung erhöhen läßt oder eine höhere Effizienz und Wirksamkeit (Effektivität) erzielt werden können.

Noch viel deutlicher ist das Eindringen ökonomischer Sprachmuster im Bereich des Weiterbildungssektors nachzuvollziehen, denn dort hatte der Staat nie die alleinige ökonomische Fürsorge zu tragen, dort wurde Bildung immer in einem Zusammenwirken von Betrieben und öffentlicher Hand, aber auch von zahlenden TeilnehmerInnen finanziert, was dann als subsidiäres Finanzierungsmodell bezeichnet wird. Und das nicht nur in Österreich. So ist man in der Schweiz stolz darauf, daß der Bereich der Weiterbildung mehrheitlich privatwirtschaftlich organisiert ist; aus Skandinavien wird berichtet, daß der (angeblich erfolgversprechende) Trend dahin gehe, den individuellen Bildungsbedarf der Studierenden zu eruieren, um sie anschließend entsprechend den Arbeitsmarktanforderungen auszubilden, wodurch zudem die Annäherung zwischen Bildungssystem und Arbeitswelt verbessert werde. Die sich daran (marktlogisch-systemimmanent gedacht) anschließende größte Sorge gilt dementsprechend auch der Frage, wie im Bereich der Weiterbildung einem Marktversagen entgegenzuwirken sei, wozu in erster Linie Forderungen formuliert werden, die auf ein „besseres" Zusammenwirken öffentlicher und privater Bildungsanbieter hinauslaufen, deren Ziel letztendlich aber auf die Herstellung gleichwertiger ökonomischer Wettbewerbschancen reduziert bleibt. Damit ist der öffentliche Bildungsbereich in Konkurrenz getreten und auf dem Weg in den Markteintritt zu einer neuen Rolle im Kontext des Vollwettbewerbs gezwungen (worden).

Diese Beispiele vermögen zuerst einmal bloß zu illustrieren, wie neuerdings *auch* über Bildung verhandelt wird, wenn auch nach wie vor über die gesellschaftspolitische Bedeutung und Notwendigkeit von Bildung, Wissenschaft und Forschung gesprochen wird. Sie brauchen nun einerseits den Nachweis, daß es nicht nur darum gegangen ist, die modern gewordene Sprache der Ökonomie auf das Bildungssystem zu übertragen, sondern daß auch tatsächlich das

Ziel verfolgt wird, ihren Anforderungen durch ökonomisches Handeln gerecht zu werden. Dazu lassen sich zwei Formen ausmachen: einerseits die tendenzielle Unterwerfung aller Bildungsinhalte unter Prämissen arbeitsmarktlogischer Anforderungsprofile und andererseits die fortschreitende Tendenz zur Privatisierung und Entstaatlichung von Bildungsinstitutionen.

Die ökonomische Ideologie als Basis für Bildungspolitik

Die erste Spur soll mit einem Nachvollzug der Werthaltungen in den Diskussionen um berufsbegleitende Weiterbildung in Österreich gezeichnet werden. Dort wurde nämlich schon sehr bald die Hoffnung formuliert, daß Weiterbildung als Instrument von Arbeitsmarktpolitik strukturelle Beschäftigungsprobleme zu lösen vermag. Seitdem scheint Weiterbildung auch nicht mehr von einer „Praxisorientierung" für das Beschäftigungssystem am sogenannten „Arbeitsmarkt" trennbar zu sein. Praxisorientierung heißt in diesem Fall Bedarfsorientierung an einem von der Wirtschaft formulierten Qualifikations-Bedarf, den Individuen dann (durch Weiterbildung) erwerben sollen. Dieser läßt sich aber nicht nur inhaltlich definieren, sondern auch rechnen. Der „ökonomische Bedarf" wurde gerade unlängst erst zum Thema einer OECD-Studie, die einen internationalen Überblick zu geben verspricht und in deren Rahmen auch ein „Österreichischer Länderbericht" verfaßt wurde. Vorrangiges Ziel der Studie ist die Errechnung eines Zusatzfinanzierungsbedarfs zur Schließung der (Weiter-)Bildungslücken, der allein für Österreich mit rund 30 Milliarden Schilling beziffert wird.

Die Debatte verdient noch einen weiteren Blick: In solchen Denkvarianten versteht sich Weiterbildung insgesamt als Defizitsublimierung, als Schließen von (Bildungs-)Lücken. Die TrägerInnen der Defizite sind wir alle. Kaum haben wir eine Lücke gestopft, tut sich eine neue auf. Damit ist auch evident, wie sich die Notwendigkeit zu lebenslänglichem Lernen erklären läßt: Als Defizitwesen eilen wir einem Ideal der Optimierung nach. Weiterbildung verheißt Reparatur. Nur wenn sie gelingt, bleiben wir am Arbeitsplatz brauchbar. Und nur wenn wir brauchbar sind, haben wir eine Chance, unseren Arbeitsplatz zu erhalten.

Bildungspolitische Realpolitik im Kontext der Ökonomie

Seit Bildungspolitik sich verschärft den Spielregeln der Ökonomie verschrieben hat, sind auch ihre Institutionen einem neuen Anforderungsprofil unterworfen: Sie selbst sind zum Gegenstand eines Controllings geworden, an sie werden nunmehr Maßstäbe der Betriebswirtschaftlichkeit angelegt. Folgende – nur kurz umrissene Beispiele – mögen diesen Trend veranschaulichen: 1991 erstellte das Beratungsunternehmen Arthur D. Little im Auftrag des Bundesministeriums für Wissenschaft und Forschung einen Bericht zur „Evaluierung und Weiterentwicklung der Universität Klagenfurt" (Titel der Auftragsausschreibung), der im wesentlichen eine „Redimensionierung" der Universität auf Betriebswirtschaft und Informatik sowie den Abbau der bildungswissenschaftlichen Disziplinen (Ausnahme Slawistik) vorsah. Was aus diesem Bericht und seinen Empfehlungen (die aufgrund massiver politischer Proteste nicht in die Realität umgesetzt wurden) besonders deutlich hervorging, war aber eine wirtschaftspolitische Grundhaltung, welche die Funktion der Universität im Bereich der Lehre ausschließlich auf den sogenannten Arbeitsmarkt und den dafür notwendigen Qualifikationserwerb einzuschränken versucht.

Als zweites Beispiel nennen wir die Überführung der österreichischen Universitäten in das neue Universitätsorganisationsgesetz (UOG) 1993. Mit ihr wurde eine Trendwende eingeleitet, die zugleich wohl die gravierendste Strukturänderung der österreichischen Universitätsorganisation seit 1975 ist. Dies vor allem deshalb, weil Universitäten in die „Teilrechtsfähigkeit" entlassen wurden und ihr Verhältnis zum Bund auf eine neue Basis gestellt wurde, was einerseits in neuen Strukturen (Organisationsform), aber auch in materiellen Regelungen (und Rechten) zum Ausdruck kommt. Damit wurden die Universitäten – stärker als zuvor – auf eine betriebswirtschaftliche Basis gestellt, welche Profitorientierung ermöglicht (teilweise auch erforderlich macht), aber auch zur Übernahme des kaufmännischen Risikos und der damit einhergehenden Verantwortung verpflichtet.

Inzwischen liegt – und das ist unser drittes Beispiel – schon ein weiteres politisches Vorhaben zur Begutachtung vor: In ihm geht es um die weitgehende Verabschiedung der Universitäten aus dem Staatshaushalt, um die endgültige „Vollrechtsfähigkeit" von Universitäten. In diesem Entwurf wird auch die Rolle der Politik neu definiert und soll lediglich noch der Bereitstellung entsprechender Rahmenbedingungen dienen, die gewährleisten sollen, daß die Universitäten leistungsstärker und innovativer tätig werden können, wozu als wesentlichste Voraussetzungen unter anderen folgende Momente angeführt werden: eigenverantwortliche Entscheidungskompetenz bei der Ressourcenbewirtschaftung in Personal- und Budgetangelegenheiten, effiziente Verwaltungsabläufe innerhalb der Universität sowie Möglichkeiten zur eigenen Profilbildung in Forschung und Lehre durch Setzung von Schwerpunkten. Zur Überprüfung ihrer Wirtschaftlichkeit sollen den Universitäten Aufsichtsräte beigestellt und sie selbst zu einem betriebsinternen Controlling verpflichtet werden. Im Rahmen des Entwurfs ist weiters daran gedacht, das Universitätspersonal – soweit möglich – in Angestellte überzuführen und BeamtInnen als lebende Subventionen zu betrachten. Als Angestellte (von universitären Wirtschaftsbetrieben) sind WissenschaftlerInnen dann freilich nicht länger dem Staat und seinen wissenschaftpolitischen Intentionen, sondern weit mehr den Unternehmen und ihrer wirtschaftspolitischen Ausrichtung verpflichtet. Weshalb auch nicht verwunderlich ist, daß im Entwurf explizit darauf hingewiesen wird, daß im Fall der Vollrechtsfähigkeit der Universitäten das nur staatsgerichtete Grundrecht der Wissenschaftsfreiheit nicht greift.

Das vierte Beispiel läßt sich anhand des jüngst beschlossenen Bundesgesetzes über die Akkreditierung von Bildungseinrichtungen als Universitäten dokumentieren, womit zwar privaten Weiterbildungseinrichtungen ein Wettbewerbsnachteil (vor allem im Bereich der Zertifizierung) genommen wurde, zugleich aber natürlich Universitäten ein inflationärer Statusverlust drohen könnte.

Die allen diesen Beispielen zugrundeliegende Rollenbestimmung von Politik hat inzwischen nicht nur an Kraft, sondern auch ein immer deutlicher werdendes Profil gewonnen. Verkürzt formuliert ließe sich aus ihrer Denkhaltung an die Adresse des Staates formulieren: Halte dich aus Bildung raus! Und im Detail wird für die Rolle des Staates in der Gestaltung von Rahmenbedingungen gefordert, daß er sich erstens auf eine reine Aufsichtsfunktion zu beschränken habe, zweitens vor allem eine Ordnungsfunktion für ein eigenverantwortliches dezentrales Schul- und Hochschulsystem übernehmen sollte und drittens lediglich die Finanzierung in einer zweckmäßigen und effizienten Form sowie im Sinn eines Ausgleichs sozialer Ungleichheiten zu gewährleisten habe. Politik wird solcherart aber auch aus ihrer bildungspolitischen Verantwortung verabschiedet, um bloß noch als finanzkräftige Kooperationspartnerin installiert zu werden, mit der Leistungsvereinbarungen zu treffen sind.

Betrachtet man die hier erläuterten Beispiele, scheinen zwei Fragen angebracht: Gibt es eine Dominanz des ökonomischen Systems gegenüber dem Bildungssystem, und was bedeutet sie? In welcher Weise konstituiert diese Dominanz, so vorhanden, die Bildungsinhalte? Die zweite Frage kann radikal zugespitzt werden: Relativiert nicht die ökonomische Abhängigkeit alle bisherigen Bildungsvorstellungen, indem sie ihnen ihre Nutzlosigkeit nachweist bzw. sie in überholte Traditionen einer zu Ende gehenden bürgerlichen Gesellschaft verweist? Oder umgekehrt: Zeigt sich nicht in dieser Entwicklung endgültig das Wesen einer bürgerlichen Weltkultur, die auf alle Bildung verzichten kann, die nicht ökonomisch verwertbar ist?

Zur historischen Koppelung von Bildung, Politik und Ökonomie

Zur ersten Frage: Es kann die Meinung vertreten werden, daß es immer schon einen intimen Bezug zwischen Ökonomie und Bildung gegeben hat. Dies auf zweierlei Art: Erstens konnte Bildung nur bei ökonomischer Absicherung erfolgen; man braucht existenzgesicherte Freiräume. Diese Voraussetzungen hatten sowohl die mittelalterliche „höfische Bildung" wie auch diejenige der griechischen oder römischen „aristoi". Auch demokratisch-politische Bildung war nur wenigen Entlasteten möglich, die sich auf organisierte Sklaven- oder Leib-

Thema

eigenenarbeit verlassen konnten. Zweitens erlaubte das vorkapitalistisch-ökonomische System bloß begrenzte Existenzsicherung. Nur wenige Privilegierte hatten Bildungsfreiräume, die anderen hatten ihre ganze Kraft in die unmittelbare Überlebenssicherung des Grundsystems zu stellen, das aus Mangel an technisch-wissenschaftlicher Entwickeltheit zudem ständig in Frage gestellt war (Dürre, Hungersnöte, Seuchen etc.). Eine solche nur bis zu einem bestimmten Grad entwickelte Wirtschaft schafft also für Bildung zwei unhintergehbare Voraussetzungen: erstens die „Arbeitsteilung im Geiste" (nur wenigen stehen Bildungsfreiräume zur Verfügung) und zweitens eine ständige Sorge, daß selbst diese Freiräume schwinden, wenn unvorhersehbare Katastrophen eintreten. Die Abhängigkeit der Bildung von Ökonomie ist also ganz gewaltig. Von ihrem Stand hängt es ab, wie viele Menschen „zugelassen" werden können, ja ob Bildung überhaupt als „freie" stattfinden kann. Frei hieße hier (im Sinn der später fixierten „Autonomie"): unbefangen, voraussetzungslos, offen an Probleme, Themen herangehen zu können, *weiter*zudenken, *weiter*zuentwickeln. Ökonomien, die ständig mit dem unbewältigbaren Problem der Knappheit konfrontiert sind, entwickeln daher immer Bildungsprivilegien, können sich „Demokratie" in diesem Feld sozusagen gar nicht leisten.

Vielleicht hätte sogar folgende These, die alles auf einen Punkt zu bringen versucht, eine Annahmechance: Die Macht einer Knappheitsökonomie konstituiert nicht nur die Bildungsmöglichkeit und -chance einiger weniger, sie bestimmt auch direkt und indirekt über die meisten Bildungsinhalte. Nur in ganz wenigen Luxusnischen räumt sie Freiheit für unabhängiges Denken, Kritisieren, Protestieren und Weiterentwickeln ein. Bildung stand damit zwar nicht wie heute im *direkten* Verwertungsanspruch für die Wirtschaft, mußte aber trotzdem ihren Bedingungen gehorchen, sie sogar in ihrer bestehenden Form schützen. Um aber die durchgängige Abhängigkeit von der agrarisch dominierten Wirtschaft nicht schicksalhaft und ausgeliefert erfahren zu müssen, mußte wenigstens Politik ökonomisch abgesichert werden. Mit anderen Worten: Politik (als Systemsteuerung) war nur insofern dauerhaft auszuüben, als sie unmittelbar ökonomisch entlastet war. Herrschaft und Reichtum mußten identisch sein (wenn mitunter auch nur mit Gewalt und Zwang durchsetzbar).

Resultat: Alle vor-bürgerliche und vor-kapitalistische Bildung ist systemfunktional durch die Ausgangslage von „Mangelwirtschaften" bestimmt. Nur wenig findet sich darüber hinaus, und dies bleibt meistens „Theorie". Die Systemfunktionalität findet auf vier Ebenen statt. Der „Hauptteil" der Bildung besteht in einem von Generation zu Generation weitergegebenen Erfahrungswissen meist mündlicher Tradition (sowohl technisch-instrumentales Wissen als auch Sitte, Brauch). Ihm folgt jene Bildung, die in den einzelnen Ständen oder Regionen entwickelt wird, Zugehörigkeit sichert, Fremdes definiert und ausschließt. Dann läßt sich drittens von einer künstlerisch-religiös-ideologischen Bildung sprechen, deren

Aufgabe es ist, den Zusammenhalt indirekter Kommunikation zu sichern, zu rechtfertigen, in Teilen auch zu begründen. Erst auf einer vierten Ebene läßt sich eine Bildung finden, die Systemgrenzen überschreitet und am ehesten mit unserer heutigen wissenschaftlichen Bildung zu vergleichen ist (Theologie, Philosophie, Mathematik), oder auch eine geschichtenerzählende Kulturwissenschaft, die ihr Material meist dem grenzüberschreitenden Handel verdankt.

Neuzeitliche Konzeption: Bildung im Dienst von Brauchbarkeit

Das „Modell Neuzeit" ändert die Situation radikal: Zunächst erstarkt das Handelskapital, das sich nach gewinnbringender Investition umzusehen beginnt. Und hier vermag die Investition in eine neue Kombination von Handwerk und (Natur-)Wissenschaft Mehrwert zu schaffen. Sie revolutioniert das gesamte Produktionswesen (Manufaktur bis industrielle Revolution) und löst die alten Ordnungen auf. Zentral für diese Entwicklung ist die ökonomische Förderung jener Theorie, die der systematischen Entfaltung von Produktion dient. Der Entfaltung von technisch angewandter Naturwissenschaft und Ökonomie steht aber – vorerst – noch das alte System entgegen. Es muß außer Kraft gesetzt werden, wofür verschiedene Strategien gewählt werden: Die erste ist der Versuch, das neue Modell zu universalisieren (partikularer Universalismus, Dominanz des naturwissenschaftlichen Denkmodells) und als eigentliche gesetzliche Wahrheit der Wirklichkeit auszugeben („Gott hat das Universum in mathematischen Lettern geschrieben"). Die zweite ist, mit der Realisierung angewandter Wissenschaft in alle Lebensbereiche vorzudringen (Städtebau, Kanalisation, Verkehrswege, Medizin, Industrialisierung der Landwirtschaft etc.), und läßt sich als Verwissenschaftlichung unserer Welt bezeichnen. In ihrer dritten Variante werden das freie, autonome Individuum und sein „Gewissen" als moralische Letztinstanz „entdeckt". Ihr folgt als vierte Strategie die „Entdeckung" einer allen Menschen gemeinsamen „Vernunft", die zunächst nicht so sehr der Weiterentwicklung von Wissenschaft, sondern der Aufklärung über religiösen und ideologischen Aberglauben dient (Befreiung von der Autorität sich selbst nicht rational legitimierender Institutionen). Die fünfte Strategie verspricht Fortschritt mit dem Hinweis auf eine Produktentwicklung, die das Leben leichter, bequemer und zugleich reicher und spannender macht („neuzeitlicher Materialismus und Konsumismus").

Schließlich läßt wachsender Reichtum, läßt eine teilweise ökonomische Entlastung immer mehr Menschen aus der Tätigkeit der unmittelbaren Überlebenssicherung entkommen, was einerseits zu reinvestierbarem „human capital" führt, andererseits aber auch Entlastungen und Teilhabemöglichkeiten an politischer Herrschaft gestattet.
Die moderne Demokratie beginnt sich in verschiedenen Anläufen zu verwirklichen und die alten feudalen Herrschaftsformen endgültig zu überwinden. Es

Thema

läßt sich durchaus behaupten, daß wir diese Errungenschaft der kapitalistischen Ökonomie (dem Markt) verdanken. Einmal, weil sie die besagte Entlastung schafft, dann, weil sie weiters eine „Vernunft" (Rationalität) braucht, die den alten institutionellen Fesseln widerspricht (Autonomie der Wissenschaften), und weil sie schließlich sich selbst nur entfalten kann, wenn sie möglichst viele Menschen als kaufkräftige KundInnen gewinnt. Um sich selbst weiterentwickeln zu können, braucht sie „gleiche Menschen" auf möglichst hohem Zahlungsniveau. Betrachtet man die Angelegenheit von dieser Seite, nämlich, daß sich die Demokratie dem Kapitalismus verdankt, braucht es nicht zu verwundern, daß sie sich ihm gegenüber dafür dankbar gezeigt hat. Es beginnt die neue Abhängigkeitsgeschichte der Politik von der Wirtschaft. Über ihre Auswirkung jedoch später.

Vorerst erscheint es hier noch geboten, auf jene Wirkungen Bezug zu nehmen, die die so beschriebene Entwicklung auf das alte Bildungssystem haben mußte. Da es um eine Wirklichkeitsveränderung ging, wurde das traditionelle Erfahrungswissen obsolet. Man mußte es „verlernen", um sich dem „Neuen", dem Resultat angewandter Modellwissenschaft, zuwenden zu können. Heute erst wagen wir es zu bedauern, daß viel an („Anpassungs"-)Wissen verlorengegangen ist; wir blättern in alten Aufzeichnungen und fragen alte Menschen, die über solches Wissen verfügen, sofern sie noch leben.

Was nun den vorerwähnten vierten Bildungsbereich anbelangt, so könnte man mit Recht behaupten, daß er im Modell Neuzeit zu seiner eigentlichen Entfaltung gekommen und letztlich jener ist, der dominant übriggeblieben ist. Aus seinem Forderungsursprung heraus verkörpert er aber eine grandiose Einseitigkeit: Produktive und ökonomische Verwertbarkeit ist sein erstes Leitkriterium, technisch-naturwissenschaftliche Modelltreue das zweite. Spricht man heute von Weiterbildung, vom lebenslangen Lernen-Müssen, meint man hauptsächlich eine funktionale Fach- und Spezialbildung entlang der technologischen Veränderungen in unserer Zeit. Fragt man aber danach, was sonst noch Bildung sein könnte, trifft man auf große Verlegenheit – jedenfalls, wenn man nach Verallgemeinerbarkeit sucht. Die alte „Volksbildung" ist, ihrem Ursprungssinn entfremdet, längst dahin, die folgende Erwachsenenbildung Patchwork-System, Bauchladen. Nach politischer Bildung wird zwar ständig gerufen, man weiß aber nicht so ganz, wo sie zu verankern und was überhaupt die Politik ist, zu welcher hingebildet werden soll. Allgemeinbildung ist ohnehin vorbei und Religion Privatsache. Vielleicht brauchen wir allgemein auch nur mehr die funktionelle (Fach-)Ausbildung, die in Abhängigkeit von einer ebenso funktionierenden Ökonomie uns unser zivilisatorisches Überleben auf höchstem Stand garantiert. Alles andere ist dem Zufall, der Willkür oder individuellen Hobbys überlassen.

Damit haben wir die am Anfang gestellte zweite Ausgangsfrage wieder eingeholt. Sie kann nun um eine These erweitert werden: Eine gut funktionierende, sich ständig verändernde Reichtumsökonomie kann auf alle Bildung verzichten, die ihr nicht dient; insbesondere auf eine, die sie Geld kostet, ohne daß ihr Nutzen ausgewiesen werden kann. Die früheren Bildungsformen waren ihr nämlich auch nützlich – einerseits, um die Fundamente der alten Systeme aus den Angeln zu heben, andererseits, um Macht und Zugehörigkeit, Abgrenzungen und Fremdheiten zu sichern. Nun, da diese alten Fundamente beseitigt sind, kann eine sich global entfaltende Gesellschaft auf die anderen Bildungsfunktionen verzichten. Bliebe noch die politische Bildung. Nachdem aber die nationalstaatlich verankerte Politik sich ohnehin ökonomisch immer abhängiger zeigt, wäre hier gut beraten, wer lieber gleich Betriebswirtschaft studiert.

Die These mag zunächst überraschen, in jedem Fall wird sie auf Widerstand stoßen. Auch wenn die Dominanz des ökonomischen Systems eingestanden wird, unsere Kultur wollen wir uns damit doch nicht nehmen lassen. Und zweifellos findet sich Kultur, mindestens in Form künstlerischer Äußerung, wenn uns auch zunehmend Klarheit und Einverständnis darüber zu fehlen scheint, was denn diese Kultur ist, in die hinein man sich gern und freiwillig bilden läßt. Ein Studium der Einzelphänomene brächte wahrscheinlich ein unübersichtliches Potpourri an Motiven zutage, in dem alte Bildungswünsche und -funktionen ebenso auffindbar wären (z.B. Konstruktion von Zugehörigkeiten) wie Sehnsüchte nach vergangenen Identitäten (Musikantenstadel, Vernissagen), mit Verschmelzungswünschen gekoppeltes Protest- und Abgrenzungsverhalten (Pop-Konzerte) ebenso wie Versuche, eine Weltkultur zu entwickeln. Uns scheint es hier aber sinnvoll zu sein, uns nicht auf die Ebene notwendig pragmatischen Handelns zu begeben, sondern vielmehr angesichts der Dominanz von Ökonomie die Fragestellung zu radikalisieren: Wozu braucht eine Reichtumsgesellschaft Bildung, außer jener, die sie erhält oder ausbaut? Eine Reichtumsgesellschaft nämlich, die Territorien entgrenzt, alte Zugehörigkeiten durch kalifornische Flüchtigkeit ersetzt und im Pluralismus religiöse, weltanschauliche, ethisch-normative Verbindlichkeiten aufgelöst, individualisiert und privatisiert hat. Wozu braucht sie eine Kulturwissenschaft, die – hauptsächlich historisch orientiert – ungeheures Faktenmaterial aus der Vergangenheit hervorkramt, das einmal *war* und nicht mehr ist.

Wenn eine unserer früheren Thesen – nach der nämlich der Hauptanteil aller vergangenen Bildung direkt und indirekt vom ökonomischen System (Mangelwirtschaft) abhängig war, wenn Bildung daher nur in kleinen, luxurierten Ausschnitten sich darüber erheben konnte – allerdings ebenso Berechtigung hat, dann läßt sich unserer Fragestellung eine ganz andere Perspektive hinzufügen. Vielleicht ist es gut und angebracht, daß alle bisherige Bildung nun auf ihren Sinn und Nutzen hin abgeklopft wird, vielleicht ereignet sich dabei eine doppelte Ab- und Auflösung. Der Befund könnte also auch lauten: Was die Dominanz der Ökonomie auf den Punkt bringt, müßte von der „Bildungsseite" als Selbstbefreiung und Chance für eine Neukonstitution wahrgenommen werden. Dieser Anspruch birgt aber weitgreifende Herausforderungen in sich: Einmal zwingt er tatsächlich, mit der Vergangenheit langsam abzuschließen, zu verabschieden, was abhängige und heteronomisierende Bildung war, zum anderen drängen sich viele ungelöste Fragen auf, die alle in einer münden: Was kann für die Menschen „freie" Bildung sein? Welche Inhalte gehören zu ihr, wie erwirbt sie sich, wie organisiert sie sich und wie kommt sie zu freiwillig eingegangenen Verbindlichkeiten?

Lösungsrichtungen zeigen sich unseres Erachtens nämlich bereits dann, wenn man das „bürgerliche Zeitalter" aus einem zweiten Blickwinkel betrachtet. Dabei kann ein Widerspruch in seinem Bildungsbegriff herausgearbeitet werden, der darauf hinweist, daß Bildung einerseits dazu diente, vergangene Bildung und die durch sie vermittelte Abhängigkeit (sie richtete sich gegen Naturwissenschaft, Technik etc. oder wirkte zumindest bremsend) aufzulösen, und andererseits auch bestrebt war, neue Abhängigkeiten sicherzustellen (Bildung als Notwendigkeit einer Erziehung, einer Lerngesellschaft, einer funktional ausgebildeten und sich weiterbildenden Gesellschaft, Bildung als Fundament ständischer Zugehörigkeit etc.). Dieser Widerspruch im bürgerlichen Bildungsbegriff läßt sich auch in den unterschiedlichen modernen Bildungsbegriffen nachzeichnen. Einige Beispiele dazu wollen wir nennen:

- Ausdifferenzierung zu Fachwissen und Expertentum

In der Wertung der alten Bildungsbegriffe erfolgt eine Umkehr. Am wichtigsten wird, was früher Theorie, Spekulation war. Aus ihr wird die neuzeitliche Wissenschaft mit ihrer naturwissenschaftlichen Schwerpunktsetzung entwickelt. Das wirklich Neue an ihr ist ihr praktisches Interesse; aus Denkmodellen soll Wirklichkeit geformt werden. In diesem Prozeß, der von ökonomischem Interesse gestützt bleibt, wird tatsächlich unsere Welt radikal verändert, und dies mit zunehmender Beschleunigung. Damit aber der jeweils erreichte Zustand erhalten werden kann, müssen sich immer mehr Menschen spezialisiertes Wissen aneignen. Ohne Spezialisten und Expertentum keine „technologische Zivilisation", geschweige denn ein Fortschritt *in* ihr. Dem sich anhäufenden Wissens- und Lernstoff begegnet man daher mit weiterer Differenzierung und Spezialisierung. Die Welt, die Natur, die Gesellschaft und all die in ihnen aufgeworfenen Probleme werden in immer kleinere Stücke zerhackt – ein Vorgehen, dem die dominant gewordene wissenschaftliche Methode mit ihrem Analysieren und Elementarisieren entspricht, wenn auch mit der Zeit Koordinationsprobleme auftreten und man erkennen muß, daß diese Methode in ihrer Anwendung am Lebendigen, insbesondere am Menschen, ihre Grenzen findet und daher auch immer wieder der Ruf nach Generalisten erschallt. Problematisch wird ihre Dominanz allerdings auch in ihrem ausgreifenden Verwendungscharakter. Sie durchdringt Bereiche, die ihr nicht zustehen, und weist Experten eine Autoritätsrolle zu, die zumindest demokratiepolitisch bedenklich ist.

Ein weiteres Charakteristikum dieser Dominanz ist ihr „partikularer Universalismus", der zu einer inneren Selbstverkomplizierung führt. Eine solche entsteht nämlich dadurch, daß Probleme – oft mit Gewalt – unter Begriffe, Methoden, Verfahren subsumiert werden, die ihnen nicht entsprechen, anstatt neue zu erfinden. Auf diese Weise erzeugen wir Systemsaurier, die in ihrer Gefräßigkeit kaum mehr am Leben erhalten werden können. Man klagt zwar allenthalben über die steigende Komplexität, ist aber wenig bereit dazu, nachzusehen, was unnötigerweise selbstfabriziert oder was tatsächlich problemadäquat ist. Und diese Sachlage hat eine weitere Folge: Immer mehr Menschen müssen in diesem Bildungsbereich immer mehr („lebenslänglich") lernen, und der durch dieselben Projekte beschleunigte technologische „Dauerwandel" sorgt für immer neue „Anpassungsforderungen". Früher sprach man abwertend vom „Fachidioten", ohne ein Gegenkonzept geliefert zu haben; dieser wird heute vom „Effizienzidioten" abgelöst, weil man, um „à jour" zu sein, in diesen sich beschleunigenden Prozessen immer an ihnen und ihrer spezifischen Ausprägung dran bleiben muß. Wir sehen hier bereits, daß uns die Zurücknahme aller Bildung auf diesen „Kernbereich" neuzeitlicher Gesellschaft Probleme schafft, die durch sie selbst nicht gelöst werden können.

- Verabschiedung des Erfahrungswissens

Das früher von Generation zu Generation weitergegebene Erfahrungswissen (in der Tradition des Mündlichen, des Vorzeigens und Nachmachens, der „Meister" usw.) genügt den neuen Anforderungen nicht mehr und zieht sich allmählich in Nischen zurück (ins Kunsthandwerk, in die Landwirtschaft vor ihrer endgültigen Industrialisierung etc.). Es ist zu konservativ, statisch, wiederholt zu sehr Vergangenes, macht Fortschritt schwierig. Es ist auch zu „individuell", partikular, „sinnlich" an seine unmittelbare Umgebung angepaßt und daher wenig flexibel und mobil. Die nun zur Anwendung kommende Wissenschaft ist aber nicht so sehr am Besonderen, Sinnlichen, Individuellen, Partikularen interessiert, sondern am Allgemeinen, überall gleich Gültigen (in der Doppeldeutung dieser Wendung). Daher wird die alte Erfahrung, überhaupt sinnliche Unmittelbarkeit, außer Kraft gesetzt.

Trotz aller Berufung auf die Empirie: Der Unterschied zwischen der alten und der neuen ist prinzipiell. Die neue ist Modell, Konstruktion, Abstraktion, bezieht sich auf hergestellte Idealbedingungen (Labor-Experiment) und beendet eine „sinnlich" orientierte Erfahrung, die einen ganz anderen Zusammenhang zwischen Wissen und „Gegenstand" darstellt (bis heute *„sehen"* wir die Sonne sich bewegen, aufgehen, untergehen, und dennoch bewegt sich eigentlich die Erde, wie uns versichert wird). Manufaktur und Industrialisierung können mit dem alten Erfahrungswissen nichts anfangen. Sie müssen über Wissen verfügen, das möglichst breit überall angewendet werden kann, das jeder auch überall lernen kann, aus Büchern und aus Medien, welche die alten „Meister" „multiplizieren". Beschleunigter Fortschritt ist nur möglich, wo eine frei konstruierende „Erfahrung" sich durchgesetzt hat, also der vorhin beschriebene Wissensbegriff zum Maß gemacht wird. Auch wenn wir ihre Konsequenzen heute – da sich das Industriell-Maschinelle überall durchgesetzt hat – bedauern und die Zweischneidigkeit dieser Pointierung bemerken: Wir müssen zwar einerseits die Vorteile dieses Vorgehens anerkennen, bedauern aber auch zugleich den Verlust alter („ganzheitlicher") Erfahrungen. Ökonomisch und fortschrittsorientiert ist es zweckmäßig, „ältere" ArbeitnehmerInnen in die Pension zu verabschieden; es stellt sich aber heraus, daß der damit verbundene Verlust von Know-how (modernes Wort für den alten Begriff eines Erfahrungswissens) gar nicht so leicht kompensiert werden kann. Interkulturell und im Weltmaßstab überlegt, ist überhaupt zu fragen, ob wir nicht den immer noch vorhandenen Erfahrungsreichtum der verschiedenen Kulturen, Regionen, der in ihnen lebenden Menschen schützen, hüten und erfassen sollten. Immerhin erwirbt auch bei uns jeder, der einigermaßen wach durchs Leben geht, ein gerüttelt Maß an Alltagserfahrung, die sich keinem diszipliniert geordneten Wissen zuordnen läßt. Indirekt schöpfen wir aber alle aus dieser Alltagserfahrung, direkt wird sie zuwenig berücksichtigt. Für einen zukünftigen Bildungsbegriff wäre sie sicher ein interessantes „Basismaterial".

- Bildung als identitätsstiftende Instanz

Als historischer Stand hat das sogenannte „Bildungsbürgertum" natürlich Bildung entwickelt, in der Zugehörigkeit *und* Ausschluß verankert waren. Es entwickelte zweifellos einen eigenen Stil, eine eigene Ästhetik und schließlich auch ein dem eigenen „Wesen" (Arbeit, Leistung, Disziplin, Pflicht usw.) entsprechendes normatives Regelwerk. Aus mehreren Gründen hat diese Bildung aber keinen dauerhaften Bestand. Der bürgerliche Stand ist nämlich ein prinzipiell sich selbst auflösender, und zwar sowohl aus ökonomischen wie auch aus „ideologischen" Ursachen. In der Ökonomie muß man sowohl den kaufkräftigen Bürger zum Ziel haben als auch darüber hinaus (im Sinn von Wachstum und Entgrenzung) den „Weltbürger". Zugehörigkeit wird aber ein schwieriges Unterfangen, wo Grenzen diffus werden, wo überdimensionale Quantitäten bewältigt werden müssen. Die bislang noch weitgehend übersichtlichen Territorien (Städte, Regionen, Nationen), an die Bildungsinhalte und -formen zumeist gebunden waren, befinden sich in Auflösung; gebraucht werden heute mobile, flexible Menschen mit eher flüchtiger Zugehörigkeit, die imstande sind, sich weltweit zu „bewegen".

Diese Entwicklung fordert neue Verhaltensmuster und ebenso eine „andere" Bildung; was der angestrebte internationale Weltbürger (über ökonomische Tätigkeitsmerkmale hinaus) ist, wissen wir zwar noch nicht, zu vermuten ist aber, daß es eine neue Kultur einer Widerspruchsbalance zwischen internationaler Flüchtigkeit und der Verankerung neuer Zugehörigkeiten wird geben müssen. Ideologisch hat das Bürgertum durch seine Betonung von Leistung und damit verbundener Karrieremöglichkeit zu seiner ideellen Selbstauflösung beigetragen. Zwar waren „Aufsteiger", „Kleinbürger" und „Neureiche" nicht gerade ermutigende Ehrentitel, am Faktum konnten sie aber nichts ändern, da muß erst gar nicht auf Themen wie Freiheit, Gleichheit, Brüderlichkeit oder demokratische Grundwerte zurückgegriffen werden. Allein aus seiner eigenen Dynamik heraus muß dieser Stand sich auflösen. Das letzte Unterscheidungsmerkmal wird das Geld. Bildungsbürgerliche Bildung ist dann jene, die sich mit Geld am besten auskennt.

Die Fragen nach Identität und Bildung müssen völlig neu gestellt werden. Erstens darf es im Sinn des Autonomieprinzips keine normative Fremdbestimmung mehr geben, zweitens aufgrund des Gleichheitsprinzips keine ständisch ausgerichteten Bildungsprivilegien und drittens in der Annahme einer allen Menschen gemeinsamen und zugänglichen Vernunft keine über ihr stehende institutionelle Autorität (Kirche, Feudalstaat etc.). Zugehörigkeit muß über Leistung erworben werden (ein religiöses Leben zu führen stellt beispielsweise nicht länger eine besondere Leistung dar).

Gerade aber aufgrund dieser Voraussetzungen befindet sich, was Bildung betrifft, die bürgerliche Gesellschaft – und diese geht eben zu Ende – in einem mehrfachen Dilemma. Sie kann keine ständisch abgesicherten Zugehörigkeiten mehr anbieten – einerseits, weil sie sich selbst permanent auflöst, und andererseits, weil diese Zugehörigkeiten nicht normativ verfügt werden können. Die alten Identitäten entsprechen einer vorbürgerlichen Gesellschaft und sind nicht mehr brauchbar. Weil aber eine neue Identitätsbildung zunehmend schwieriger wird (besonders zum Ausdruck gebracht in der verzweifelnden Schwärmerei der „Romantik"), die Reduktion auf Leistung in einem Chancen ungleich zuteilenden System ebensowenig befriedigt, letztlich Individuen auf Funktionen reduziert, ist eine doppelte Gefahr Begleiterin: erstens der Rückfall in alte Gesellschaftsordnungen, zweitens die Ausbildung von umfassenderen Ideologien, in denen womöglich alle BürgerInnen und potentielle BürgerInnen Platz haben.

Thema

Resümee

Die Dekonstruktion verschiedener Zugehörigkeiten und unterschiedlicher Identitäten (in den früheren Reichen durch religiöse Universalsysteme, in denen auch Recht und politische Regelwerke fundiert waren) wurde zunächst durch die verschiedenen Reformationen „erreicht", dann durch Wissenschaften und Aufklärung und schließlich durch nationalstaatliche Ideologien und Rechtsverankerungen. Zusätzlich sorgte die „Privatisierung" der Religion für deren gesellschaftliche Unverbindlichkeit. Auf den frei gewordenen Platz drängten nun die verschiedenen Allgemeinansprüche, die sich als universell verbindend auszugeben wagten. Im Namen der Vernunft, Wissenschaft und Aufklärung, wobei erstere insbesondere die allgemeine Wahrheit von Mathematik und Naturgesetz verkündete (partikularer Universalismus); es folgte in der Nachfolge des in der Renaissance phantasierten uomo universale die Entwicklung der Vorstellung von so etwas wie einem universal gebildeten Menschen, der nicht nur viel weiß, sondern womöglich genauso Denker wie Künstler und Politiker (das Universalgenie, Individualisierung des Gesamtwissens) war. Schließlich kam die Zeit der „großen Systeme" (Erzählungen), in denen man sich eine Gesamtübersicht über alles Weltgeschehen und dessen Begründung zu verschaffen hoffte.

Alle Versuche auf dieser Ebene der Universalisierung blieben trotz gewaltiger Einzelleistungen notwendigerweise partikular. Nicht nur, weil es bei der raschen Entwicklung der Gesellschaft immer unmöglicher wurde, eine zusammenhängende Gesamtschau zu vermitteln, sondern weil es an diesen Universalismen keine allgemeine Teilhabe mehr gab. Im Gegenteil, die Gesellschaft verlangte erst recht fortschreitende Arbeitsteilung, sodaß konsequenterweise einige wenige für andere denken durften. Die alte institutionelle Heteronomie wurde durch die der Arbeitsteilung ersetzt. Am Ende konnten gemeinsamkeitsstiftende Universalismen nur mehr als gewalttätige Ideologien auftreten, wollten sie nicht zu beliebigen Weltanschauungen verkommen. Der Bildungsuniversalismus blieb Chimäre und verlief sich in hilflosen Kompensationsformen: im ständigen Ruf nach einem „studium generale" und den aus ihm kommenden „Generalisten", im Herstellen von Lexika und Enzyklopädien, die „alles Wissen ihrer Zeit" zu beinhalten beanspruchten. Schließlich endet auch dieser Anspruch in seiner klar zum Ausdruck gebrachten Zurückweisung: Die Zeit der „großen Erzählungen" ist vorbei. Die Postmoderne ist ihrer Dekonstruktion gewidmet.

Bei aller berechtigten Kritik: Das Defizit bleibt, und soll universelle Bildung nicht einzig von ökonomisch-technologischem Inhalt geprägt werden, wird man sich auch hier überlegen müssen, was zur Bildung einer zivilen Gesellschaft gehört, die für alle bestehenden, durchaus unterschiedlichen Gesellschaften in gleicher Weise maßgebend ist. Wenigstens bedarf eine Weltgesellschaft konsensueller Vereinbarungen, die sich auf Haltungen, Kommunikationsformen, Entscheidungsmodi beziehen. Dasselbe gilt für ein weites Feld zukünftiger Erziehung und Bildung.

Auf dem Weg dorthin befanden sich auch schon Teile einer emphatisch-bürgerlichen Bildung, wie wir sie nennen wollen. Ihr verdanken wir Autonomieanspruch, Menschenrechte, Gleichheits- und Gerechtigkeitsvorstellungen, die Aufwertung des Widerspruchs (der demokratischen Opposition etc.). Klar war und ist, daß diese Art von Bildung und Gebildetheit auf keine historischen Inhalte und Vorlagen zurückgreifen konnte. Sie war eher Appell, Imperativ, Richtungsweisung. Ein Auftrag, die conditio humana erst zu entwickeln. Nimmt man den Autonomiegedanken ernst, sowohl kollektiv als auch individuell, ist es nicht statthaft, diese Beschreibungen als bloß „idealistisch" abzutun. Alles, was erst eingerichtet, geschaffen werden muß, hat den Charakter eines Ideals. Man muß wollen, daß es wird. Und ebenso gehört es zu freier Selbstbestimmung – wiederum sowohl individuell als auch kollektiv –, daß das Ideal (die Idee) im jeweils Geschaffenen nicht eingeholt werden kann, weil es immer dem Vergleich dienen, also Maßstab für zu Messendes bleiben muß. Die Differenz soll auch unaufhebbar bleiben, weil es sonst selbstreflexiv-kritische Betrachtung nicht mehr gibt. Ideale sind, wie fälschlich oft behauptet wird, nicht bloß Vorstellungen über das Gute des Menschen, sie sind vielmehr transzendental formulierte Bedingungen der Möglichkeit, es immer wieder zu erreichen. Sie rechnen durchaus mit der widersprüchlichen „Natur" des Menschen und wollen aus ihr Gewinn schöpfen.

In der emphatisch-bürgerlichen Bildung erreichen wir daher eine neue Ebene von Bildung, losgelöst von bestehenden Inhalten und funktionaler Brauchbarkeit. Es geht auch nicht um Wissen, Kultur und Genuß. Das Schwierige an dieser Art von Bildung ist, daß sie auf einer höheren Abstraktionsebene angesiedelt ist, obwohl sie enorme praktische Wirksamkeit hat, weit hineingreift in unser Verhalten, unsere Bereitschaft, uns am Konstituieren des „kollektiven Gutes" zu beteiligen. Insofern hat sie auch Systemgrenzen übersteigenden Charakter und versucht sich in einem neuen Begriff des Politischen. Sie nimmt ernst, daß sie in der alten Form von der Ökonomie nicht mehr gebraucht wird, fordert aber auch Unabhängigkeit von ihr ein. Blickt man zurück auf das historische Bürgertum, erscheint diese Art von Bildung nur in Ansätzen entwickelt. Zu sehr war dieser Stand noch mit seinem ökonomischen Wesen verbunden geblieben. Immer aber hat er schon seine Selbstauflösung mitreflektiert, allerdings zu sehr auf individuelle Autonomie beschränkt, nachzulesen in den bürgerlichen Bildungsromanen vom „Wilhelm Meister" bis zum „Mann ohne Eigenschaften".

Thema

Konsequenzen

Folgt man unserer bisherigen Argumentation, wird man sich einigen vielleicht überraschenden Perspektiven im Bildungsthema nicht verschließen können. Es geht sowohl um einen Neubeginn als auch um eine notwendige Differenzierung. Eine Neukonstituierung des Bildungsbegriffs, vielmehr dessen, was Bildung überhaupt sein kann, erscheint aus mehreren Gründen notwendig:
Die sachliche Reduktion von Wissen und Bildung auf das (ökonomisch, technologisch) Brauchbare, Nützliche, Verwendbare zwingt uns dazu, Überlegungen anzustellen, was uns denn sonst noch an Wissen, Bildung, Kultur wichtig ist und vor allem, warum. Ist eine derartige Bildung identifizierbar, muß weitergefragt werden, wie diese zustande kommt, welche Gruppen, Institutionen etc. dafür verantwortlich gemacht werden müssen, wie sie finanzierbar ist. Hier ist Differenzierung notwendig. In unserem derzeitigen Bildungssystem und Kulturbetrieb ist noch alles durcheinander vermischt, auch wenn das ökonomisch Ausweisbare immer mehr in den Vordergrund rückt. Überhaupt muß gefragt werden, ob so etwas wie „freie", „autonome" Bildung arbeitsteilig einzelnen Systemen zugewiesen werden kann. Vielleicht ist sie Sache *aller* bestehenden gesellschaftlichen Formationen, die sich darstellend selbstreflexiv mit sich selbst und ihrem Sinn befassen.

Was jedenfalls zu dieser neu zu generierenden Bildung hinzugehört, ist eine grundsätzliche Analyse des (ökonomisch) Brauchbaren und Nützlichen sowie ihrer Grenzen. Es läßt sich zwar vieles an traditionellem Wissen, an spezieller (Fach-)Bildung auf Brauch- und Verwendbarkeit beziehen und reduzieren. So wird auch für jedes Kulturereignis die „Umwegrentabilität" angegeben werden können. In letzter Konsequenz unterliegt diese Reduktion aber einem selbstzerstörerischen Trugschluß. Verwertbarkeitskriterien werden nämlich meist in kausal-mechanistischen Modellvorstellungen gedacht. Hier eine „Schlüsselqualifikation", da ihre Anwendung; hier spezieller Wissenserwerb, dort seine funktional aufweisbare Brauchbarkeit. Bereits Max Weber hat in diesem Modell seine funktionale „Idealbürokratie" zur Vorstellung gebracht, die allerdings nie so wie beschrieben eingerichtet wurde. Damit nämlich Verwertbarkeit garantiert ist, muß sie von zusätzlichen Wissens- und Bildungsfaktoren „begleitet" sein. Ohne „soft facts" keine „hard facts". Man muß z.B. zusammenarbeiten wollen, vertrauen, daß der andere das gleiche will, muß davon ausgehen, daß man sich auf Zusagen und Vereinbarungen verlassen kann, daß Verträge auch ohne rechtliche Einforderung „halten" etc. Es muß also viel geschehen und vorausgesetzt werden, damit Nützlichkeit sein kann. Wird aber darauf keine Rücksicht genommen, ist auch diese Nützlichkeit gefährdet; sie wurde immer schon von einer „geheimen Ethik" begleitet, und diese muß insbesondere dann bewußt gemacht werden, wenn funktionaler Reduktionismus meint, ohne sie auskommen zu können.

Eine weitere Ausdifferenzierung unseres Bildungsbegriffes gestattet es auch, zwischen zwei völlig unterschiedlichen „Bildungen" eine Trennung zu vollziehen. In erster Annäherung könnte man von einer „heteronomen" und einer „autonomen" Bildung sprechen. Ersterer könnte alles zugerechnet werden, was eine Gesellschaft (unbedingt) braucht, um auf dem von ihr erwünschten Stand zu überleben. Diese not-wendige, not-wendende Basisbildung (zivilisatorisches Basiswissen) *muß* einfach angeeignet und gesichert werden. Auch wenn man als Individuum Ausbildungen frei wählen kann, auch wenn der Erwerb seines Wissens ohne Eigenständigkeit nicht möglich ist – all dies ändert nichts daran, daß es von fremdbestimmter Autorität ist. Jede Gesellschaft braucht Einrichtungen, die über dieses Wissen verfügen und es weitergeben. Die „Autorität" des Wissens überträgt sich damit auf sie. Rechtliche Regelungen, Normen garantieren diesen Vorgang und sind als solche ebenso Teil der heteronomen Bildung. Das heißt nicht, daß *in* ihnen nicht Entwicklung und Veränderung stattfinden können. Meist sind diese aber ebenso strengen (Verfahrens-)Regelungen unterworfen. Die Gesellschaft darf sich hier Ausfälle nicht gestatten. Ist sie vor allem ökonomisch-technologisch ausgerichtet, werden hier auch weiterhin diese Bereiche fordern und den Ton angeben.

Wie aber bereits angedeutet, bedarf diese Bildung, um wirksam sein zu können, ihrer „Umgebung". Diese wurde in der Vergangenheit normativ fremdbestimmt gesetzt. Eine Ökonomie der Knappheit hatte mit Ausnahme von Luxusnischen auch keine andere Chance. Sie konnte Bildung nicht „frei" werden lassen. Religion, Ideologie, Weltanschauung hatten ebenso ihre vorschreibenden Wahrheitsinstanzen, wie Zugehörigkeiten normativ festgesetzt wurden. Bildung bekommt man im Erwerb und in der Verinnerlichung dieser äußeren Autorität. Reichtumsökonomien, demokratische Grundprinzipien und die bürgerliche Autonomieidee änderten diese Situation wie beschrieben. Damit wird der Anspruch nach „freier" Bildung möglich; individuell in den Bildungsromanen zur Darstellung gebracht. Freie Bildung wäre aber eine solche, die sich jeweils selbst schafft, die Entscheidungen darüber trifft, was ihr zugehört und was nicht. Eine Bildung also, die sich auf einem halbwegs gesicherten ökonomischen Fundament erheben kann, ohne diesem direkt und indirekt dienen zu müssen; die durchaus fremdbestimmte Bildung als Notwendigkeit anerkennt, wohl aber unterscheidet, was ihr zugehört und was nicht; die sich nicht nur die Frage nach der Sicherung des Überlebens stellt, sondern nach dessen Qualität forscht. Freie Bildung setzt allerdings „kollektive Autonomie" voraus und diese wiederum kollektiv organisierte Selbstreflexion (Systemdifferenz und -transzendenz). Sie setzt also eine Art der Selbsttranszendierung voraus; erst diese brächte unsere Säkularisierungsgeschichte zu ihrem Ziel. Das Jenseits abzuschaffen, ist nur der Anfang; es *in uns* und in unserer sachzwangsbestimmten Gesellschaft wieder aufzurichten die erste und wichtigste Konsequenz. Über die Inhalte dieser freien Bildung Auskunft zu geben, ist nicht nur „historisch", sondern auch prinzipiell schwierig. Historisch deshalb, weil wir erst langsam beginnen, kollektive Selbstreflexion als Bildung zu erfassen. Prinzipiell, weil es zur „freien Bildung" gehört, daß sie ihre Inhalte und Ergebnisse immer wieder selbst erstellt; angesichts der Differenz, die neue „Informationen" schafft.

Damit sind wir endgültig an einer transzendentalen Wendung im Bildungsthema angekommen. Weniger wichtig geworden ist die Debatte über Bildungsinhalte. Wenn wir „freie Bildung" als qualitative „Anreicherung" eines individuell und kollektiv gelingenden Lebens wollen, müssen wir uns vorerst darum kümmern, welche Bildungen und Voraussetzungen gegeben sein müssen, damit eine derartige Bildung entsteht, sich entfalten kann. Bevor wir noch an Inhalte denken, müssen wir uns über die Möglichkeit ihres jeweiligen Zustandekommens den Kopf zerbrechen; anderenfalls kann Rückfälligkeit in heteronome Bildung kaum vermieden werden. Der Ebenenwechsel fällt aber nicht so leicht. Zur Bildung kommt hinzu, was früher nicht im Vordergrund stand.

Es geht um Themen wie: Gestaltung und Organisation selbstreflexiver Kommunikation, um die Einrichtung von Widerspruchselementen in Systemen, um die Aufhebung hinderlicher Arbeitsteilung (BildungsexpertInnen als SpezialistInnen, die wissen sollen, was für andere „Laien" Bildung ist), um die Etablierung anderer Zeitstrukturen, um die Identifikation von förderlichen Hilfsmitteln (z.B. Neue soziale Architekturen, Designs, Kunst als Darstellungs- und Reflexionshilfe, als kollektives Integrationsmittel etc.). Es geht also um den Einbau einer „Zwischenebene", die freie Bildung erst ermöglicht; sie ist aber damit Teil von Bildung selbst und nicht von ihr abzutrennen. Dies muß auch deshalb hervorgehoben werden, weil wir hier lernen müssen. Die „alten" heteronomen Bildungsformen haben uns hier viel an kollektiven Lernprozessen erspart und institutionell entlastet.

Damit ist es jetzt aber vorbei. Gegen dieses Lernen gibt es, wie überhaupt gegenüber der Übernahme von Freiheit, Widerstand. Ebenso gegenüber einem Bildungsbegriff, der in dieser transzendentalen Wendung zunächst leer bleibt. In diesem Widerstand kommen nun auch alle alten Muster und Prägungen wieder zu Wort, die nie den Weg freier Bildung nehmen konnten und von innen heraus heteronom bestimmen; wir sind uns sozusagen selbst im Weg. Die Psychoanalyse hat sich als erste auf den Weg gemacht, die fremdbestimmenden Kräfte in uns selbst aufzuspüren; sie braucht Nachfolge für Aufklärer des „kollektiven Unbewußten". Wahrscheinlich wäre ein erster Schritt in Richtung „freie Bildung" die gemeinsame Identifikation all jener kollektiv wirksamen Verhinderungsgründe, die uns immer wieder rückfällig werden lassen Ein zweiter vielleicht die Kommunikation über jene Grundängste und Unsicherheiten die sie immer wieder hervorbringen. Freie Bildung wäre demnach ein *„mutiges"* Unterfangen.

Elke Gruber

Modernisierung durch Flexibilisierung von Weiterbildung

Der Modernisierungsschub der Gegenwart ist eng mit dem Begriff Flexibilisierung verknüpft. Wenn sich die Anforderungen an die ArbeitnehmerInnen rasant und radikal verändern, muß sich das zwangsläufig auch auf das Bildungssystem auswirken. Vier relevante Ebenen der Flexibilisierung auf dem Bildungssektor sollen hier beleuchtet werden: Anerkennung nichtformeller Bildung – Modularisierung – Erwerb von Schlüsselqualifikationen – selbstorganisiertes Lernen.

Aspekte der Qualifikationsentwicklung im Zeichen der Flexibilisierung

Österreich liegt mit seiner wirtschaftlichen und gesellschaftlichen Entwicklung im Trend der Industrienationen: Diese erleben einen enormen Modernisierungsschub auf allen Gebieten. Der unübersehbare Umbau und Wandel ist eng mit dem Begriff der Flexibilisierung verbunden. Dieser weist auf wesentlich mehr hin als bloß auf neue Arbeitszeitformen und erweiterte Geschäftsöffnungszeiten. Angesprochen werden vielmehr tiefgreifende und grundsätzliche gesellschaftliche und sozialpsychologische Veränderungen, die sich vor allem in Entstandardisierungs-, Entstrukturierungs- und Deregulierungsprozessen niederschlagen. SoziologInnen sprechen in diesem Zusammenhang gern von einer „verschärften Modernisierung". Flexibilisierung von Wirtschaft und Gesellschaft bedeutet vor allem auch Wandel in den Qualifikationsanforderungen. Drei Entwicklungen sind dafür prägend.

1. Vom „beruflichen System" der Arbeit zum „technischen System" der Arbeit

Vor mehr als zwanzig Jahren hat Tourraine darauf hingewiesen, daß Qualifikationen in Zukunft nicht mehr als relativ starre „Pakete" von eng umgrenzten beruflichen, noch dazu an den Träger der Qualifikation fest gebundenen Qualifikationen angeboten werden können. Die industriell hochentwickelte Struktur von Produktion, Forschung, Entwicklung und Dienstleistungen, deren Grundmuster das Fließsystem ist, bedingt vielmehr einen raschen Wechsel der Qualifikationen. Diese werden nicht mehr vom Angebot der Fachkräfte mit deren relativ fertig portioniertem Fachwissen bestimmt, sondern gehen vom „technischen System" aus.

Durch die ständige Veränderung und Anpassung dieses „Systems" werden die ehemals klar konturierten Berufsmerkmale verwischt, und eine Zuordnung bestimmter Tätigkeiten zu einem bestimmten Beruf ist kaum mehr möglich. Dementsprechend werden Qualifikationen präferiert, die konträr zum traditionellen Berufe-Konstrukt stehen wie beispielsweise

- eine hohe Qualifikation auf relativ breiter Basis, deren Aneignung eher in Form einer schulischen oder universitären Berufsvorbildung als in einer klassischen Lehre erfolgt,
- eine breite Qualifikation – Martin Baethge spricht von „hybriden Qualifikationsbündeln", die unterschiedliche berufliche Dimensionen miteinander verknüpfen (z.B. handwerkliche Fertigkeiten und/oder kaufmännische Kompetenzen und/oder technisches Wissen und/oder kommunikative Fähigkeiten),
- eine Eignung zur raschen Aufnahme von speziellen Qualifikationen, die bei Bedarf durch inner- und überbetriebliche Weiterbildung ständig ergänzt und weiterentwickelt werden können,
- eine Verinnerlichung moderner Arbeitstugenden wie Flexibilität, Mobilität, Kreativität etc., die über die Aneignung sogenannter Schlüsselqualifikationen erfolgt und die Grundlage für weitere flexible Anpassungsleistungen bildet.

2. Vom „lifetime employment" zur „lifetime employability"

Das Aufweichen traditioneller Biographiemuster im Zuge der Modernisierung gehört mittlerweile zur weit verbreiteten Erfahrung. Ob „Bastelbiographie", „Risikobiographie" oder gar „Gefahrenbiographie" – allen Arten spätmoderner Lebensführung ist gemeinsam, daß sie „Bruchbiographien" sind. Biographien, die durch Unterbrechungen und Veränderungen, durch Neuorientierungen und Umstellungen gekennzeichnet sind und denen das permanente Risiko des Abgleitens oder Abstürzens innewohnt.

Erschwerend kommt hinzu, daß sich der Staat immer mehr seiner sozialen Verantwortung entledigt und den Menschen seinen Schutz vor den Risiken entzieht. Der Staat privatisiert nicht nur seine Unternehmen, sondern auch immer mehr die Lebensrisiken seiner Bürger. Der Mensch muß viel Energie aufwenden, um die Fäden in der Hand zu behalten, um die einzelnen Teile zu einer sinnvollen Biographie – sprich: zu einem erfüllten Leben – zusammenzufügen. Jede/r einzelne muß, so Ulrich Beck, „bei Strafe seiner permanenten Benachteiligung lernen, sich selbst als Handlungszentrum, als Planungsbüro in bezug auf seinen eigenen Lebenslauf, seine Fähigkeiten, Orientierungen, Partnerschaften usw. zu begreifen".

Für die Qualifizierung bedeutet das: Sie ist nie wirklich abgeschlossen. Im Zuge der Forderung nach lebenslangem Lernen und permanenter Anpassungsflexibilität bleibt der Mensch immer SchülerIn – sie/er lernt niemals aus; sie/er darf nicht wirklich MeisterIn werden wie in traditionellen Gesellschaften, denn das würde bedeuten, sie/er hat ihre/seine Berufsausbildung abgeschlossen, sie/er hat die Meisterschaft (etwas Höheres gibt es nicht!) erreicht. Vielmehr erwartet sie/ihn eine lebenslängliche Probezeit, die erst mit dem Austritt aus dem Arbeitsmarkt durch Pension oder dauernde Arbeitslosigkeit endet.

3. Vom „verberuflichten Arbeitnehmer" zum „verbetrieblichten Arbeitskraftunternehmer" (Von der „verberuflichten Arbeitnehmerin" zur „verbetrieblichten Arbeitskraftunternehmerin")

Hinter dieser Terminologie verbirgt sich die These, daß der Strukturwandel der Arbeitsverhältnisse zu einer neuen Logik der Arbeitskraftnutzung führt. Diese konzentriert sich im neuen Typus des Arbeitskraftunternehmers, der sich – so die Argumentation – grundlegend vom bisherigen Typus des „verberuflichten Arbeitnehmers" unterscheidet und diesen ablöst. Wie der Name sagt, soll sich das Leitbild des Arbeitnehmers dem des Unternehmers anpassen. Dafür wird zum einen auf traditionelle Vorbilder wie Selbständige, Freiberuflerinnen und Führungskräfte zurückgegriffen, aber auch Tagelöhnerinnen müssen hier hinzugerechnet werden. Zum anderen gründet die „neue Kultur der Selbständigkeit" (Ulrich Beck) im Prekären, das heißt, wir finden sie überall dort, wo von den Normalarbeitsverhältnissen Abschied genommen wurde.

Die spezifische Qualität dieser neuen Grundform von Arbeitskraft besteht darin, als Verkäufer der eigenen Arbeitskraft aufzutreten, und zwar nicht mehr wie bisher nur gelegentlich und eher passiv, sondern nunmehr gezielt und kontinuierlich. Dazu gehört auch, daß das Arbeitsvermögen ständig weiterentwickelt (z.B. durch Weiterbildung) und durch aufwendiges Selbstmarketing auf dem Markt „feilgeboten" wird. Im Kern geht es um aktive Selbstorganisation und -regulation der eigenen Arbeit, die den jeweiligen Erfordernissen der Unternehmen und dem Arbeitsmarkt angepaßt werden muß. Zusammenfassend sind folgende Aspekte der Qualifikationsentwicklung zu beobachten:
- Qualifikationen werden immer unvorhersehbarer.
- Fachliche Qualifikationen unterliegen einer raschen Entwertung.
- Es gibt keinen fixierten Wissensbestand (body of knowledge) mehr.
- Es ist eine zunehmende Entgrenzung von Qualifikationen und Qualifizierungen zu beobachten (zeitlich, inhaltlich, räumlich – deshalb Lernen life-long, live-wide, life-near).
- Lerninhalte werden globaler.
- Der „time-lag" zwischen Strukturwandel und Bildung nimmt zu.
- Das Brauchbarkeitsverständnis von Bildung verändert sich: vom vordergründig Nützlichen im Sinn einer einfachen funktionalen Anpassungsleistung hin zum Ausschöpfen des Pädagogisch-Subjektorientierten.

Diese Entwicklungen wirken sich auf das bestehende Bildungssystem aus. Dort ist folgende paradoxe Situation zu beobachten: Immer mehr junge Menschen verbringen eine immer längere Zeit im Bildungswesen. Haben sie die Schule

Thema • Externe Perspektiven

beendet, durchlaufen sie weitere Aus-, Fort- und Zusatzbildungen in der Hoffnung, den passenden Schlüssel für einen risikoreichen Arbeitsmarkt zu finden. Gleichzeitig fällt es den Bildungseinrichtungen immer schwerer, der ihnen zugeschriebenen Aufgabe einer beruflichen Qualifizierung nachzukommen.

In der Folge
- werden berufsorientierte Lehrpläne und Lehrinhalte zunehmend unvorhersehbar;
- werden Bildungsabschlüsse immer wichtiger und unwichtiger zugleich (zum einen findet eine Entwertung von Zertifikaten statt, gleichzeitig nimmt die Notwendigkeit des Erwerbs von Zertifikaten zu);
- wird es immer notwendiger, *daß* gelernt wird – und zwar schnell und effektiv.

Neben die „klassische" Funktion beruflicher Bildung, die Vermittlung bestimmter tätigkeitsspezifischer Qualifikationen, tritt mehr und mehr die Aufgabe, Kompetenzen auszubilden, die es dem/der einzelnen ermöglichen, den raschen Wandel zu bewältigen und mit unabsehbaren Konsequenzen fertig zu werden, das heißt zu lernen, unsichere Situationen zu bewältigen.

Flexibilisierung im Bildungsbereich

Flexibilisierung bedeutet Entstandardisierung, Entstrukturierung und Deregulierung. Oder, wie Richard Sennett es in seinem neuen Buch „Der flexible Mensch" ausdrückt: Gewiß bleibt nur die Ungewißheit! Wurde infolge von Modernisierung und Globalisierung bisher vor allem die Arbeitswelt von der Flexibilisierungswelle betroffen, erreicht sie nun auch das Bildungswesen in seiner inneren Struktur. Der verstärkte Entstrukturierungsdruck wirkt sich hier auf vier Ebenen aus.

1. Ebene:
Flexibilisierung der Abschlüsse – Anerkennung nichtformeller Bildung

Die Anerkennung von Bildungsabschlüssen war in Österreich bisher relativ klar geregelt. Dies hat Vor- und Nachteile. Der Vorteil besteht darin, daß es einen zumeist definierten Berufszugang mit großteils standardisierten Qualifikationsanforderungen gibt. Nachteil dabei ist, daß alle Qualifikationen, die sich Menschen im Rahmen informellen Lernens im Prozeß der Arbeit, aber auch in der Freizeit selbstorganisiert angeeignet haben, letztendlich keine Anerkennung finden.
Von der Europäischen Union geht nun, gestützt auf die Artikel 126 und 127 des Maastrichter Vertrages, aber auch auf Grundlage des EU-Weißbuches, ein verstärkter Druck aus, die bisher stark regulierten Abschlußsysteme – vor allem Deutschlands und Österreichs – zu flexibilisieren. Dahinter steht nicht zuletzt eine Angleichung an das angloamerikanische System, das – wie noch aufzu-

zeigen sein wird – mit der Modularisierung seiner Bildungsabschlüsse einen strikten Weg der Flexibilisierung und Deregulierung geht. Im Klartext heißt das: Es soll ein System eingeführt werden, das informell erworbene Qualifikationen anerkennt. Diese Qualifikationen können durch individualisiertes und differenziertes Lernen in Bildungseinrichtungen wie durch selbstorganisiertes Lernen in Gruppen oder allein zu Hause und durch Erfahrungslernen im Betrieb erworben werden.

Im EU-Weißbuch heißt es dazu: „Mobilität, lebenslanges Lernen, Nutzung neuer technologischer Instrumente ... Diese größere Flexibilität beim Wissenserwerb macht es schließlich notwendig, über neue Arten der Anerkennung – ob mit oder ohne Abschlußdiplom – erworbener Erkenntnisse nachzudenken. ... Warum sollte man nicht 'persönliche Kompetenzausweise' einführen, auf denen die Kenntnisse und Fertigkeiten des Inhabers aufgeführt werden, ob es sich dabei nun um grundlegendes Wissen (Sprachen, Mathematik, Recht, Informatik, Wirtschaft usw.) handelt oder um Fachkenntnisse oder berufliche Fertigkeiten (Buchführung, Finanztechnik usw.)? So könnte sich ein Jugendlicher ohne Abschlußdiplom um einen Arbeitsplatz bewerben und seinen Ausweis vorlegen, der ihm seine Kompetenzen in schriftlichem Ausdruck, in Sprachen, in Textverarbeitung attestiert."

Die Vor- und Nachteile eines solchen Kompetenznachweises können leider an dieser Stelle nicht diskutiert werden. Ich möchte nur einige Fragen aufwerfen, die aus meiner Sicht problematisch sind und die vor der Einführung eines entsprechenden Dokumentes in Österreich geklärt werden sollten:
- Wird mit der Einführung eines Systems der Anerkennung von informell erworbenen Qualifikationen nicht unser gesamtes Berechtigungs- und Berufssystem in Frage gestellt?
- Auf der anderen Seite: Kann es sich eine Gesellschaft leisten, dieses enorme Potential an Qualifikationen weiter zu vernachlässigen?
- Wie sieht es mit dem Datenschutz bei der Einführung eines individuellen Kompetenznachweises aus? (Gab es doch einen nicht unbedenklichen Vorläufer dieses Dokumentes im Nationalsozialismus: das Arbeitsbuch!)
- Wer gibt den Paß aus? Was wird eingetragen?
- Wer darf die Eintragungen vornehmen?

2. Ebene:
Flexibilisierung der Curricula und der Lernorganisation – Modularisierung

In einem kürzlich veröffentlichten Artikel in der österreichischen Zeitung „Der Standard" mit dem bezeichnenden Titel „Ein Gespenst geht um in Europa" kritisiert der Wiener Philosoph Konrad Paul Liessman ein Phänomen, mit dem derzeit alle Veränderungen in Wirtschaft und Kultur, Gesellschaft und Bildung legitimiert werden: der „Druck von außen".

Thema • Externe Perspektiven

„Was immer getan oder unterlassen werden muß, braucht keine guten Gründe mehr, muß nicht einmal mehr Sachzwang sein, es genügt: der Druck von außen. Einmal macht ihn die EU, dann wieder Amerika, einmal die Wirtschaft, dann gleich die ganze Welt. Bequemer war es nie, etwas durchzusetzen. Man braucht keine Argumente, muß keinen Gedanken verschwenden, muß niemanden mühsam überzeugen, erspart sich jede Auseinandersetzung, denn es gibt ja: den Druck von außen."

Im Bildungssystem wird dem Modernisierungsdruck über eine Modularisierung – das heißt: eine Zergliederung von Bildungsgängen in abschlußorientierte Lerneinheiten – nachgegeben. Auch hier sind es wieder die angloamerikanischen Länder, die als Vorbild dienen. In Großbritannien wurde auf Initiative von Margret Thatcher in den letzten zehn Jahren das sogenannte NVQ-Modell (National Vocational Qualifications) eingeführt, das eine totale Modularisierung nicht nur der beruflichen Aus- und Weiterbildung, sondern weiter Teile des britischen Bildungssystems vorsieht.

In Österreich und Deutschland findet nun folgende paradoxe Entwicklung statt: Wir verfügen zwar über ein gut ausgebautes System der beruflichen Aus- und Weiterbildung, aber wir beginnen, unter dem Druck der Angleichung der europäischen Ausbildungsgänge, dieses sukzessive zu entstrukturieren. Und zwar unter Berufung auf die Auswirkungen der Modernisierung, nach der gering normierte Lebensläufe und Berufskarrieren auch ein weniger normiertes Bildungssystem benötigen. Das heißt: Eine persönliche Biographie, die selbst nach dem Baukasten-Prinzip erfolgt, bedingt geradezu eine Ausbildung im Baukastensystem. In diesem Sinn wird die Modularisierung als eine Art universelles Strukturkonzept gesehen, das den Zugang der Individuen bei heterogenen biographischen Lebenslagen und beruflicher Mobilität zum Bildungswesen verspricht.

Eine Klarstellung: Es gibt bestimmte Bereiche des Bildungssystems, wo eine Modularisierung durchaus sinnvoll erscheint, beispielsweise in der Weiterbildung, in der Umschulung, im Zweiten Bildungsweg sowie in der Nachqualifizierung von Un- und Angelernten. Durch Modularisierung könnten hier die Berufserfahrungen angemessener als bisher für die Weiterbildungsabschlüsse berücksichtigt werden. Die große Gefahr der Modularisierung besteht jedoch darin, daß sie allein aus Gründen der Zeit- und Kostenersparnis eingeführt wird.

3. Ebene:
Flexibilisierung der Inhalte – Schlüsselqualifikationen als „Konzept der neuen qualifikatorischen Unsicherheit"

Während man früher neuen Anforderungen in der Berufswelt mit der Vermittlung von mehr und speziellerem Fachwissen zu begegnen suchte, ist diese

Antwort heute fraglich geworden: Wer getraut sich schon vorherzusagen, welche Qualifikationen und Berufe in Zukunft „up to date" sein werden? Es gilt das Prinzip: Man weiß zwar nicht, was sich ändern wird, aber, daß es sich ändern wird. In dieser Situation helfen fachliche Kenntnisse nur bedingt.

Als Konsequenz auf die weitgehende Unbestimmbarkeit künftiger Berufsanforderungen werden nun Qualifikationen angestrebt, die weniger eine spezielle Fachkompetenz als vielmehr eine allgemeine berufliche Handlungsfähigkeit ermöglichen. Landläufig werden diese als Schlüsselqualifikationen oder extrafunktionale Qualifikationen bezeichnet. Gemeint sind damit allgemeine Fähigkeiten, die über die „bloße" Facharbeit hinausgehen und soziale, personale und methodische Kompetenzen einschließen.

Der Höhenflug des Konzeptes der Schlüsselqualifikationen ist demnach nicht im Sinn des Durchsetzens einer emanzipatorischen Bildungsidee zu sehen, sondern vielmehr als Reaktion auf die qualifikatorische Unsicherheit: Wenn ich nicht mehr weiß, wie es fachlich weitergehen soll, proklamiere ich allgemeinere Inhalte und vor allem skills wie Lernen lernen, Kreativität, Problemlösungskompetenz und ähnliches. Sie ermöglichen es dem/der einzelnen, sich flexibel den jeweiligen neuen Bedingungen in Arbeitswelt und Gesellschaft anzupassen. Eine (negative) Folge dieser Entwicklung ist, daß Bildungsinhalte immer unwichtiger und austauschbarer werden. Es geht weniger darum, *was*, sondern vielmehr darum, *daß* gelernt wird!

4. Ebene:
Flexibilisierung auf der Ebene der Methodik/Didaktik –
selbstorganisiertes Lernen

Das Konzept, Lernen selbständig und selbstorganisiert zu betreiben, ist alt: Es hat seine Wurzeln in der Pädagogik der Jahrhundertwende, vor allem in der Reformpädagogik, und war immer Anspruch progressiver PädagogInnen. Daß dieses Konzept derzeit wieder eine solche Karriere macht, hängt eng mit unserem Thema, der Flexibilisierung, zusammen. Es leuchtet ein, daß flexiblere und mobilere Menschen nicht durch Frontalunterricht und in herkömmlichen Bildungsarrangements zu erziehen sind, sondern nur über Lernen durch Selbstorganisation und Selbsttun. Dreierlei gebe ich in diesem Zusammenhang zu bedenken:
1. In letzter Zeit mache ich bei den ERASMUS-StudentInnen, die an unserem Institut studieren, folgende Beobachtung: Sie müssen keine Prüfungen absolvieren oder Seminararbeiten schreiben; für die Anrechenbarkeit auf das Studium in ihrem Heimatland reicht eine Bestätigung über den Besuch der österreichischen Lehrveranstaltung. Offenbar sind – wie schon oben angesprochen – immer weniger die Inhalte als vielmehr die Mobilität und Flexibilität um ihrer selbst willen gefragt.

Thema • Externe Perspektiven

2. Die derzeitige Karriere des Konzepts des selbstorganisierten Lernens kommt nicht von ungefähr. Ähnlich wie beim Allgemeinbildungskonzept (im Gewand der Schlüsselqualifikationen), das unter den veränderten ökonomischen und gesellschaftlichen Bedingungen nun wieder brauchbar geworden ist, stehen hinter den selbstorganisierten Lernformen nicht primär pädagogische, sondern vor allem ökonomische Überlegungen. Das heißt: Das Konzept des selbstorganisierten Lernens betritt über die ökonomische Hintertür den Schauplatz des Geschehens. Es findet sich auf einer Bühne wieder, auf der die Ökonomie in einer Hauptrolle und die Pädagogik als Statistin zu sehen sind.

3. Man sollte immer dann hellhörig werden, wenn ein Begriff oder ein Konzept in Diskussionen den Charakter eines bekennenden Glaubenssatzes annimmt (ähnliches ist bei den Schlüsselqualifikationen der Fall). Nun passiert dies mit dem selbstorganisierten und selbstgesteuerten Lernen. Der deutsche Erziehungswissenschaftler Karlheinz A. Geißler hat dazu einmal treffend bemerkt: Diese Zauberwörter sind wie eine semantische Mastgans – es kann alles in sie „hineingestopft" werden, ohne genau zu wissen, was es mit dem jeweiligen Begriff/dem jeweiligen Konzept wirklich auf sich hat.

„Wird's besser oder wird's schlechter?"

Dem eben erwähnten Karlheinz A. Geißler möchte ich auch mein Schlußwort überlassen. In seinem kürzlich erschienenen Buch „Der große Zwang zur kleinen Freiheit" sinniert er über die Frage, die so oft am Ende von Ausführungen steht: „Was nun? Auch bei diesem Thema stehen wir ebenso, wie bei so vielen anderen in dieser Zeit, mit beiden Beinen fest in der Luft. Mit gewonnener Übersicht nimmt die Einsicht nicht unbedingt zu, öfters hingegen ab. ... Bei all den vielen Veränderungen in der Bildungslandschaft ist doch auch so manches gleich geblieben. Immer war und immer noch ist Bildung mit der Hoffnung eng verknüpft, 'daß es einem dereinst besser gehen würde'. Die Hoffnungen existieren weiter, obgleich sie sich bisher in der Geschichte, wenn überhaupt, nur in sehr geringem Maße erfüllt haben. ...

Wirkliche Bildung ist nicht beliebig flexibilisierbar, rationalisierbar, berechenbar und auch nicht auf das kundenorientierte Verwertungsinteresse hin, sei dies individuell, betrieblich oder staatlich, einzuschränken. Bildung sieht nicht modular aus. ... Wo ein Wille ist, da ist auch ein Umweg – und *dieser*, nicht die leblose Schnellstraße, ist der Königsweg der Bildung. Versöhnlich jedenfalls stimmt, daß es fast in jedem Bretterzaun, auch in dem, der das modulare Bildungskonzept umgibt, genügend Astlöcher gibt, die den Blick auf eine andere Wirklichkeit freimachen, und – wie man nicht nur aus Kindertagen weiß – Astlöcher sind ja das Attraktivste und das Interessanteste an Begrenzungen.
Die Zukunft sieht also nicht so düster aus, daß wir sie vermeiden müßten."

Martin Möhrle

Lernen im Unternehmen als Herausforderung für die Universität

Die Globalisierung der Wirtschaft hat die Organisationsdynamik von Unternehmen und damit auch ihren Wissensbedarf radikal verändert. Da das Weiterbildungsangebot der Universitäten unzureichend ist, beschreiten Unternehmen neue Wege: Stichwort Lernen im Unternehmen – Corporate Universities. Gemeint ist damit eine Lernpraxis, die individuelles und organisationales Lernen verknüpft, die ein Lernen am ganz konkreten (Unternehmens-)Fall bedeutet und die sich die modernen Kommunikationstechnologien zunutze macht.

Die Dinge haben sich geändert

Bis vor wenigen Jahren erfüllte das Hochschulsystem gegenüber dem Arbeitsmarkt im wesentlichen die Funktion, den akademischen Nachwuchs auszubilden und zu zertifizieren und dadurch den Bedarf an neuem Wissen zu decken. Weiterbildung hingegen wurde weitgehend nur Individualkunden und nicht institutionellen Kunden angeboten, und das darüber hinaus nur in beschränktem Umfang. Dies gilt insbesondere für den deutschsprachigen Raum. Im englischsprachigen Raum entwickelte sich an Business Schools unter dem Begriff „Executive Education" eine auf Managemententwicklung ausgerichtete dritte Säule universitärer Aktivität.

Dieses traditionelle Angebot der Hochschulen deckt die wachsende Nachfrage von Unternehmen nach kontinuierlichem, strategie- und umsetzungsorientiertem Lernen in nur unzureichender Weise. Die Dynamik des unternehmerischen Umfelds hat in nahezu allen Industrien, nun auch im Bankwesen, zu einer dramatischen Erhöhung der Organisationsdynamik geführt. Als Ursachen werden vor allem die Globalisierung der Märkte und die Entwicklung der elektronischen Netze (Internet) genannt. Diese Organisationsdynamik verändert die relevante Wissensbasis im Unternehmen, und Fragen folgender Art treten in den Vordergrund:
– Welches Wissen ist in Zukunft wettbewerbskritisch und welches nicht (mehr)?
– Wie läßt sich dieses jeweils erfolgskritische Wissen im Unternehmen aufbauen und verteilen?

Lernen im Unternehmen bezieht sich nun also nicht mehr nur auf individuelles Lernen, sondern gleichberechtigt auch auf organisationales Lernen. Das Management von Wissen stößt heutzutage gerade in Branchen, in denen vornehmlich intangible und abstrakte Güter gehandelt werden, auf große Aufmerksamkeit. Die Diskussion hierüber bewegt sich zwar in einem frühen Stadium, und ökonomisch verwertbare Erkenntnisse sind noch rar. Die Lehre vom Management des Wissens wird sich aber eines Tages zu einem eigenständigen betriebswirtschaftlichen Funktionsbereich entwickeln.

Neben den umfeld- und strategiebedingten Lernbedarfen von Organisationen verlangt die Organisationsdynamik ihren Mitgliedern Fähigkeiten und Fertigkeiten ab, die früher in weitaus geringerem Maß relevant waren. Dazu gehören z.B. das Management der eigenen Person, Lern- und Veränderungsfähigkeit, Teamfähigkeit und interkulturelle Offenheit. Diese Kompetenzen werden in universitären Studiengängen nur ungenügend entwickelt; zu sehr konzentriert man sich dort ausschließlich auf die Vermittlung von Fachwissen. Allseits erschallt jetzt der Ruf nach Schlüsselqualifikationen. Die zunehmende Akzeptanz der MBA-Ausbildung rührt ebenfalls daher. In der Rekrutierungspraxis ergibt sich für Unternehmen deshalb zusätzlicher Suchaufwand.

Wie reagieren Unternehmen hierauf?

Unternehmen versuchen vermehrt, Mitarbeiter zu gewinnen, die für Veränderungen offen sind, gerne lernen und die Selbstbestätigung weniger im Erreichen von Status als im Erreichen von Zielen finden. Klassische Feedbackinstrumente wie Beurteilungssysteme werden zu Instrumenten weiterentwickelt, die der Identifikation des Lernbedarfs dienen sowie die Selbststeuerungsfähigkeit von Mitarbeitern und Führungskräften unterstützen. Der klassische Loyalitätsbegriff, der auch in der industriellen Gesellschaft mit lebenslanger Anstellung seine Fortsetzung fand, wird neu definiert. Das Arbeitsplatzsicherheits-Paradigma wird durch das der Beschäftigungsfähigkeit ersetzt. Dem Mitarbeiter wird kein Arbeitsplatz mehr garantiert, sondern ein Lernumfeld, das seine an den Erfordernissen des Arbeitsmarktes orientierte Kompetenzentwicklung ermöglicht. Die Fähigkeiten der Mitarbeiter bleiben sozusagen à jour. Dies soll einen neuen psychologischen Kontrakt begründen, der gegenseitiges Commitment erzeugt.

Immer häufiger werden „Corporate Universities" gegründet, die sich zum Ziel setzen, Lernen im Unternehmen systematisch und strategiegeleitet zu managen und mit anderen betrieblichen Funktionen zu verbinden, zuerst in den USA und nun auch in Europa. Seitens der „traditionellen" Universitäten wird vielfach kritisch hinterfragt, was hierbei den Begriff Universität rechtfertige, und es ist bisweilen eine sehr defensive Reaktion zu vermerken. Es lassen sich im Grunde drei Arten von Corporate Universities unterscheiden – diejenigen, die sich ausschließlich auf die programmatische Weiterbildung von Führungskräften konzentrieren (z.B. DaimlerChrysler); diejenigen, die sich der Umsetzung strategisch relevanter Lerninitiativen widmen (z.B. Motorola); und solche, die den Lernbedarf im Unternehmen umfassend managen wollen.

Neben nicht zertifizierten Weiterbildungsprogrammen werden hausinterne Zertifikate oder auf akademische Zertifikate anrechenbare Kurse angeboten. Vielfach sind Kooperationen mit Universitäten oder Business Schools und die Nachbildung von Strukturen traditioneller Universitäten festzustellen (Fachbereiche, Dekane etc.).

Das Beispiel Deutsche Bank

Die Deutsche Bank trägt sich zur Zeit mit dem Gedanken, eine Corporate University zu gründen, die das Lernen und die Entwicklung der Mitarbeiter mit dem Lernen und der Entwicklung der Organisation verbindet. Die Grundprinzipien
- just-in-time-Lernen, durch Aufbau einer virtuellen Lernplattform unabhängig von Ort und Zeit,
- strategieumsetzendes Lernen durch Ableiten der Lernprogramme aus der Strategie des Unternehmens,
- arbeitsintegriertes Lernen durch Lernen am eigenen Fall und nicht an dem anderer, um das Problem des Lerntransfers zu minimieren,

sollen innerhalb einer intranet-gestützten Lernumgebung realisiert werden und der Deutschen Bank auf dem Weg in eine Wissensgesellschaft wertvolle Dienste leisten. Die Weiterbildung der höheren Führungskräfte (Executive Education) stellte einen ersten Anwendungsfall dar.

Gemäß den Suchkriterien Qualität und Reputation, globale Vision, Flexibilität, überschaubare Größe, Verfügbarkeit einer erstklassigen virtuellen Lernumgebung, Erfahrung in unternehmensinternen Programmen, Englischsprachigkeit u.a. wurde nach einem strategischen Lernpartner gesucht. Die Wahl fiel auf die Fuqua School of Business der Duke University (USA). Gemeinsam wurden erste Programme erfolgreich entwickelt und umgesetzt. Weitere Programme sind in Vorbereitung.

In nächsten Schritten ist geplant, die eigenentwickelte virtuelle Plattform für selbstgesteuertes Lernen um die Software-Umgebung der Fuqua School of Business für tutorgestützte Programme zu ergänzen. Damit würde ein umfassendes intranet-basiertes Lernmedium geschaffen. Schließlich wird geprüft werden, der Corporate University – die in Zukunft allen unternehmensübergreifenden, divisionalen und individuellen Lernzielen ausreichend Rechnung tragen soll – auch eine eigene organisatorische Gestalt zu geben.

Traditionell entwickelte die Deutsche Bank die Managementkompetenzen ihrer Führungskräfte durch die gezielte Übertragung neuer Aufgaben in bestehenden oder neuen Funktionen sowie durch die Entsendung zu offenen Managementprogrammen an einer Vielzahl von Business Schools und Executive Education Centers weltweit. Letzteres war in Zeiten einer sehr homogenen Unter-

Thema • Externe Perspektiven

nehmenskultur angemessen, genügt aber angesichts der zunehmenden Divisionalisierung und Internationalisierung in den ausgehenden neunziger Jahren nicht mehr. Heute arbeitet mehr als die Hälfte der Deutsche Bank-Mitarbeiter im Ausland. In drei Unternehmensbereichen überwiegt der nichtdeutsche Anteil der Mitarbeiter bei weitem. Eine nur individuelle Entwicklung der Führungskräfte läßt vor diesem Hintergrund zu wenig Gemeinsamkeiten und inneren Zusammenhalt im Management entstehen.

Zudem war der Bank ein Dorn im Auge, daß diese Entsendepraxis dem Transfer des Gelernten nur ungenügend Rechnung trug. In dynamischen Arbeitsumgebungen nehmen auch die Opportunitätskosten der Abwesenheit vom Arbeitsplatz ständig zu. Die elektronischen Medien und Netze innerhalb und außerhalb des Unternehmens bieten die Möglichkeit, von überall aus an einem Diskurs teilzunehmen und somit Lernen und Arbeiten stärker miteinander zu verbinden. Die Deutsche Bank hat sich deshalb für einen neuen Ansatz von Lernen im Management entschieden, der die klassische Executive Education an Business Schools mit Elementen der Organisationsentwicklung verbindet. Das neue Lernparadigma basiert auf einer Reihe von Überzeugungen, die im Folgenden kurz vorgestellt werden:

Die erste Überzeugung besteht darin, daß Lernen nicht nur einen Veränderungsprozeß unterstützen, sondern vielmehr selbst Veränderungen auslösen kann. Im täglichen Leben verändern Menschen sich und ihr Umfeld viel häufiger als Ergebnis eines Entdeckungs- und Lernprozesses, als dies im Geschäftsleben der Fall ist.
Zweitens soll das Unternehmen sich verstärkt darum bemühen, Herausforderungen und Probleme selbst zu lösen. Zu oft verstehen Manager ihre Problemlösungsverantwortung nur unzureichend, indem sie für teures Geld externe Berater mit der Problemlösung beauftragen. Dies gilt in Zeiten der Konzentration auf Kernkompetenzen, des Outsourcing und von Schnelligkeit als zeitgemäß. Allerdings wird hierbei vergessen, die Problemlösungskompetenz im Unternehmen zu entwickeln. Die Folge ist, daß diese zunehmend verkümmert und daß die besten Lernchancen im Unternehmen den eigenen Mitarbeitern und Führungskräften vorenthalten werden. Problemstellungen des Managements, die an Unternehmensberater delegiert werden, stellen aber nicht nur hervorragende Lernchancen dar, sondern erlauben auch ein Mitwirken an der Strategie des Unternehmens. Hierbei haben Manager den nicht zu unterschätzenden Vorteil, das Geschäft genau zu kennen. Dies kann sicherlich auch zum Nachteil gereichen, nämlich dann, wenn das Problem aufgrund der Nähe zu diesem nicht mehr erkannt wird oder wenn das Ausbrechen aus eingefahrenen Lösungen, die nicht mehr angemessen sind, unterbleibt. Um dieser Gefahr vorzubeugen, gestaltet die Deutsche Bank spezielle Programme zusammen mit dem akademischen Partner an der Duke University, dessen Rolle darin besteht, den

Lernprozeß im Unternehmen durch eine möglichst objektive Sicht von außen zu bereichern.

Die dritte Überzeugung bezieht sich auf die Mächtigkeit der heutzutage verfügbaren Kommunikationstechnologie. Sie erlaubt eine Ergänzung des klassischen Seminarlernens mit einer virtuellen Lernwelt. Die Fuqua School of Business hat für ihr Global Executive MBA Programm (GEMBA) eine vielbeachtete internetbasierte Lernplattform geschaffen, die die Bank für ihre Programme nutzen kann. Diese Plattform erlaubt es verteilten Lerngemeinschaften, sich mit Fakultätsmitgliedern über Raum und Zeit hinweg in einen Diskurs zu begeben. Sie erlaubt auch den Zugang zu Lernmaterialien zu jeder Zeit und von jedem Ort aus.

Viertens wird davon ausgegangen, daß Lernen umso effektiver ist, je mehr es im Zusammenhang mit der Bearbeitung einer realen und interessanten Fragestellung auftritt. Das alte Problem des mangelhaften Transfers des Gelernten wird überwunden, da ein solcher nicht mehr notwendig ist. Die Bank folgt der Auffassung, daß Lernen und Arbeit immer dann zueinander in Verbindung stehen, wenn der Lernende sich seiner Arbeitsumgebung und Arbeitspraxis bewußt ist. Die Führungskraft muß in ihrem alltäglichen Umfeld die Chance erhalten, alternative Verhaltensmuster, Strategien und Weltanschauungen zu durchdenken.

Die fünfte Überzeugung bezieht sich auf die Fähigkeit von Erwachsenen, ihr eigenes Lernen zu steuern. Durch die Zurücknahme der Abhängigkeit von professionellen Lehrern können die Lernenden in die Lage versetzt werden, ihre eigenen Lernstrategien zu entwickeln.

Und sechstens ist die Deutsche Bank davon überzeugt, daß der Erfolg einer differenzierten globalen Organisation wesentlich von der Integration der verschiedenen und zum Teil gegenläufigen Interessen in der jeweiligen Matrixstruktur abhängt und daß Lernprozesse bestens dafür geeignet sind, die notwendigen organisatorischen Bindekräfte hervorzubringen.

Allein das Zusammenbringen von Führungskräften aus verschiedenen Teilen der Organisation fördert den Dialog. Allerdings nähern sich Manager mitunter einer solchen Gelegenheit mit früher erworbenen positiven und negativen Einstellungen, was zu einigen Schwierigkeiten unter den Teilnehmern und Gruppen führen kann. Gerade in derartigen Fällen ist jedoch häufig zu beobachten, daß die gemeinsame Arbeit an einem zukunftsgerichteten und für die Organisation wichtigen Projekt den Teilnehmern hilft, bestehende Vorurteile ab- und gegenseitiges Verständnis aufzubauen. Die Maxime lautet dabei: Die Zukunft gehört noch niemandem, sie kann aber gemeinsam gestaltet werden.

Wenngleich keine dieser Überzeugungen für die Welt des Managementlernens neu ist, stellt deren Integration für die Deutsche Bank doch einen neuen, vorwärtsgerichteten Weg dar, der künftig bei der Bildung von Führungskräften beschritten werden soll. Erste Programme wurden vom Vorstandssprecher selbst

Thema • Externe Perspektiven

in Auftrag gegeben, weitere Programme folgten. Alle Programme verfolgen das Ziel, individuelles Lernen mit wertschaffendem Erarbeiten von Lösungen für aktuelle Management-Herausforderungen sowie mit der Entwicklung eines Esprit de Corps zu verbinden. Eine Ausdehnung dieser Bildungskonzeption auf weitere Lernfelder des Unternehmens wird nun Schritt für Schritt vollzogen. Mit der Ruhr-Universität Bochum hat die Deutsche Bank z.B. einen berufsbegleitenden Ausbildungsgang zum „Financial Consultant" konzipiert, der vor kurzem eröffnet wurde.

Welche Herauforderungen stellen sich für das universitäre System?

Traditionelle Universitäten sind auf einem Markt aktiv, der in Zukunft keine Wachstumsraten mehr zu verzeichnen hat: dem der akademischen Grundausbildung (tertiäre Bildung). Der Markt für berufsbegleitende Bildung, dem sehr hohe Zuwachsraten vorausgesagt werden, wird von Universitäten kaum besetzt, und wenn, dann nur der Markt für individuelle, nicht jedoch der für institutionelle Kunden. Insofern wird das universitäre System angesichts des Lernbedarfs in Organisationen hinnehmen müssen, daß Unternehmen sich selbst behelfen; ebenso, daß Unsauberkeiten und Verwässerungen im Umgang mit den Begriffen Universität, Akademie etc. auftreten.

Globale Unternehmen werden zudem als globale Nachfrager von Weiterbildung und nicht mehr als Nachfrager von zahlreichen nationalen Lernbedarfen auftreten. Universitäten mit regionalem oder nationalem Wirkungskreis können diesen Bedarf nur decken, wenn sie sich in ein globales Netzwerk einbringen. Sollte dies nicht der Fall sein, könnten Corporate Universities noch weiter auf den Markt der traditionellen Universitäten vordringen, vielleicht eines Tages selbst das Recht erwirken, akademische Titel zu verleihen.

Wolf-Dieter Narr

Einige Wege zu dem, was (neue) Wissenschaft sein könnte

Vorbemerkung: Im sommerlichen berg-, wald-, wiesen- und tälerreichen St. Radegund bei Graz mit weitem und begrenztem Blick zugleich, im Haus des Sozialwissenschaftlers Erich Kitzmüller wunderbar bewirtet, hat der Autor am 30. Juni 1999 einen Vortrag mit dem Vico und de Tocqueville abgeluchsten Titel gehalten: Neue (Sozial-)Wissenschaft.

Ein wahrhaft prätentiöses, vor allem ein ganz und gar unwahrscheinliches Thema. Eine erkannte Notwendigkeit allein, vor allem dann, wenn sie nur geradezu extrem randständig eingesehen werden kann, macht noch keinen Frucht bringenden Sommer. Da stiftet eine Schwalbe schon mehr an Sommergeschmack. Mehr denn je tritt das, was als moderne Wissenschaft vom Ansatz her zu Recht im Singular genannt wird, wenn solche moderne Wissenschaft auch nur noch in der Fülle ausdifferenzierter Wissenschaften ohne Zusammenwissen tätig wird – mehr denn je, so sage ich, treten die modernen Wissenschaften mit ganzer Sohle auf. Auf dem Weg der abstrahierenden Isolation; auf dem Weg der ambivalenzfeindlichen Identifikation; auf dem Weg der modellabstrakten Kombination und Intervention; auf dem Weg der angewandten Abstraktion in Form neuer Konstruktionen.

Trotz aller Abstriche, die nicht zu ihren Gunsten ausfallen, gelten diese ebenso erfolgreichen wie einseitig idiotisierenden Eigenarten der gepflegten Eigenschaftslosigkeit auch für die Sozialwissenschaften. Das, was zum Ansatz moderner Wissenschaft allgemein, und das, was zu den Gründen der Misere der Sozialwissenschaften von mir radegundwärts ausgeführt worden ist, bleibt an dieser Stelle außer Betracht. Ich hebe dort an, wo ich seinerzeit aufgehört habe: bei einigen Schlussfolgerungen. Für sie gilt die obige Beobachtung ihrer Unwahrscheinlichkeit vor allem. Um der nachgeborenen Mäuse willen, die der Katze trotz allem immer wieder die Schelle umhängen, und um ihres eigenen Mäusespiels im hegemonialen Dunstkreis der Katze willen mögen sie dennoch nicht das sein, was ihre schlimmste Kritik wäre: eitles Glasperlenpolieren.
Dass es mit Wissenschaft und ihrem prinzipiellen Muster (qua Abstraktion, Identifikation und Konstruktion), dass es mit den Wissenschaften, die sich nicht um Zusammenhänge und all das, was sie transzendiert, kümmern, so steht, wie es steht, ist selbstredend nicht zufällig. Sie sind eingebettet in gesamtgesellschaftliche Entwicklungen, die sie ihrerseits nicht mehr begreifen. Dazu teilen sie zu viele von deren Prämissen; dazu sind sie selbst eine zu wenig bezweifelte Prämisse. Darum sind die Wissenschaften bewusst-unbewusster Teil des rastlos seine eigenen Bedingungen auffressenden innovatorischen Fortschritts auf globaler Stufenleiter. Sie sind Teil von dessen Schicksals-, Sieges- oder Rache-

göttinnen – wer weiß: der Dissoziationen aller Art, der Mobilisierungen, der Flexibilisierungen, die ihrerseits vom Übergott konkurrenzschäumenden Wachstums getrieben und zusammengehalten werden. Von etwas Gegen- und Bremswissen, vom Versuch, ab und an aus dem Zug der Lemminge auszuscheren, keine Spur. Der Zustand der Universitäten, ihre interne Fragmentierung und selbstgelieferte Gleich-Schaltung künden dies.

Gerade, weil mit den Universitäten vielleicht Staat und Kapital, aber keine „neue Politik", keine „neue Wissenschaft" – und sei es nur als eine Aktivität unter anderen – zu machen ist, gerade deswegen kommt es darauf an, die Universitäten selbst zu „unterwandern". Zu „unterwandern" durch diejenigen, die sich vorgenommen haben, sich nicht mit dem Mitschwimmen in den fachbornierten Mainstreams zu begnügen.

So sehr ich selbst in den Maientagen der Studentenbewegung anders votiert und agiert habe, dass es nämlich darauf ankomme, die Universitäten insgesamt im Zusammenhang der Bildung allgemein an Haupt und Gliedern zu reformieren, so sehr meine ich heute, erfahren zu haben, dass ein solches Unternehmen das Mal der Vergeblichkeit schon auf der Stirn trägt, bevor man auch nur dazu aufbricht. Diese meine Resignation, was das „Gesamte" angeht, heißt nicht, sich wohlig schrebergärtnerisch in ihr einzuspinnen. Diese Resignation besagt vielmehr: Die Anstrengungen, die Universität insgesamt zu ändern, überfordern alle einmal pauschal so genannten reformerischen Kräfte. Versucht man es dennoch, muss man sich auf schlechte Kompromisse noch und noch einlassen, die schließlich den Reformansatz insgesamt kompromittieren. Wohl aber kommt es darauf an, statt sich hybride am Fliegen zu versuchen, innerhalb der Universitäten, innerhalb und neben den Fachbereichen u.ä.m. soziale Orte zu schaffen, in denen sich lehr-lernend und forschend Reformgeist auskristallisieren, in denen derselbe als sozialisierende Kraft weiterwirken kann. „Neue" Wissenschaft hebt mit neuen erkenntnistheoretischen und methodologischen Reflexionen und entsprechend lehrend und forschend praktizierten Konsequenzen an. Ich illustriere das, was ich im Sinn habe, nur reichlich schematisch am erkenntnistheoretischen und erkenntnispraktischen Kernverhältnis: erkennendes Subjekt hier, zu erkennendes, der Erkenntnis unterworfenes Objekt dort.

Nach modernem Herkommen ist die Beziehung zwischen „S" und „O" unproblematisch. Und dieses Herkommen dominiert unbeschadet aller Einsprüche von Nietzsche/Max Weber bis zu Georges Devereux, Clifford Geertz, Carole Pateman u.a. bis heute. Das erkennende Subjekt bildet die unbefragte Voraussetzung als verallgemeinertes wissenschaftliches Kollektiv, das sich in den diversen Fachwissenschaftlerinnen und Fachwissenschaftlern letztlich neutral und allgemein äußert.

Dem geschichte- und gesellschaft-enthobenen abstrakt allgemeinen Subjekt, mit dessen wallendem Anspruch sich all die vielen Wissenschaftler umhüllen, diesem wissenschaftlichen Anspruch, der auf einen seltsam irdischen Wahrheitsanspruch bezogen bleibt, wird das Objekt ausgesetzt. Und alles, was der Fall ist (oder sein könnte), kann zum Objekt werden. Von selbst versteht sich hierbei, dass auf dieses Objekt prinzipiell keine Rücksicht zu nehmen ist. Obwohl im gesellschaftswissenschaftlichen Bereich immerhin gesellschaftliche Umstände, Institutionen und letztlich doch wohl allemal Personen zum Objekt werden, wird denselben prinzipiell kein Eigenrecht, kein Eigensinn zugebilligt.

Dieses S-O-Unterwerfungsverhältnis zeitigt massive Konsequenzen. Und diese nicht nur für die jeweiligen Objekte. Die Folgen rinnen, Erkenntnis verschlechternd, jedenfalls vereinseitigend, an drei Stellen vorurteilshaltig zusammen: an der Stelle des abstrakten Subjekts und seiner Hybris; an der Stelle des vom Subjekt schon immer zugerichteten Objekts, bevor dasselbe auch nur nach der Logik des interessevollen Subjekts dekonstruiert und rekonstruiert wird; an der Stelle der Ergebnisse. Deren Einseitigkeit kümmert nicht mehr. Sie werden hybride als zutreffend und damit zugleich als anwendbar behauptet. Wissenschaftliche Erkenntnis gewinnt daher auch den Charakter einer self-fulfilling prophecy. Sie ist systematisch unkritisch.

Stattdessen gilt es, wissenschaftlich eine sokratische Dauerdialektik zu installieren. Diese ermöglichte nicht nur, mit erheblichen praktisch lernenden Folgen der Grade und der Grenzen wissenschaftlicher Resultate zu gedenken (das sokratische und durchaus nicht banale „oida ouk eidos" – ich weiß, dass ich nichts weiß); diese erlaubte Selbst- und zugleich Fremderkenntnis miteinander individuell und sozial allgemein zu verbinden. Das hieße, dem bekannten Motto über dem Orakel zu Delphi gemäß zu handeln: „gnoti s'auton" – erkenne dich selbst.

Soll besagte Dialektik installiert werden (mit erheblichen Folgen für die Institutionalisierungsformen von Lehre/Lernen und Forschung/Anwendung), bliebe das erkennende Subjekt im Sinn wahrhaften Erkenntnisanspruchs zunächst bestehen. Es geht ja nicht darum, dunkles Raunen oder mystisches Schauen an die Stelle moderner Wissenschaft zu rücken. Allerdings wandelte sich dieses Subjekt rasch in ein empirisches, das sich inmitten einer geschichtlich ausgewiesenen Fachkonstellation befindet. Das Subjekt muss im Wortsinn geradezu selbst reflexiv zum jeweils historischen interesse- und perspektivegebundenen Objekt werden. Sonst kann es nicht zureichend erkennen. Dieses qualitativ veränderte Subjekt (ein S' sozusagen) legt in diesem selbstreflexiven Objektivierungsvorgang sein jeweiliges Erkenntnisinteresse und seine Methode so an, dass es im Gegenüber des Anderen, des Objekts, nicht zuletzt sich und seine Umstände, seine Möglichkeiten und seine Grenzen besser erfahren kann. Mit anderen Worten: Das in seiner Subjektivität endlich erlöste, von der Abstraktion in die konkrete Person und ihre Bedingungen rückverwandelte Subjekt wird nun erst nachvollziehbar für andere frei „objektiv", das meint in diesem Fall eben, nachvollziehbar mit expliziten Interessen, Perspektiven, darauf bezogenen Methoden usw. usf. zu erkennen. Der Erkenntnisprozess als ein wahrhaft *öffentlicher* Prozess oder sogar – wenn nun nicht die Klappen sogleich zugehen – als wahrhaft politischer.

Das „Objekt", das/der/die Andere, macht einen korrespondierenden Wandlungsprozess durch. Dessen je nach „Objekt" stärker fiktiver – oder richtiger: von der ausgewiesenen Vorstellungskraft des erkennenden Subjekts abhängiger – Charakter macht besagten öffentlichen Vorgang umso notwendiger. Das Objekt wird seinerseits zu O', nämlich immer auch zu einem Subjekt mit Eigensinn, eigenem Kontext u.ä.m. Wird das Objekt derart transformiert, ja transsubstantiiert im Sinn einer zusammengehörigen Objekt-Subjekt-Doppelung, werden neben dem Auge auch die anderen Sinne zu mitbestimmenden Erkenntnisorganen. Insbesondere das Ohr.

Die Folgen einer solchen Subjekt-Objekt- und Objekt-Subjekt-Doppelung, ja Vervierfachung zusammengehöriger Art für den Erkenntnisvorgang selbst, für die Art der Erkenntnisse, die Art, wie mit ihnen behutsam und sorgfältig, auch vorsichtig verfahren wird u.ä.m., sind enorm. Nun werden ungleich mehr als zuvor kostengünstigere – in Richtung ökologischer und vor allem sozialer Kosten – und auf Lernen angelegte Praxen möglich.

Wissenschaftliche Verfassungsprobleme

Wie Wissenschaft in Forschung und Lehre organisiert wird, ist alles andere als eine äußerliche Frage. Der Körper der Wissenschaft definiert ihren Geist bis zur Perfektion. Darum ist es so folgenreich und war und ist es verhängnisvoll (in deutscher, auch in österreichischer Tradition zumal), dass die meisten derjenigen, die mit der Organisation von Wissenschaft im weitesten Sinn zu tun haben, diesen engen Zusammenhang nicht begreifen oder, an den jetzigen Interessenzuständen interessiert, nicht begreifen wollen. Diese Missachtung fängt bei der architektonischen Gesamtanlage an und hört bei der Art der Stuhlreihung und Stuhlbefestigung in Vorlesungs- und Seminarräumen auf (dass dort ein faktisches Bilderverbot besteht und kahle Scheußlichkeiten gähnen, ist ein anderes Symptom für Mängelzustände). Hierbei habe ich von der „inneren" sozialen/asozialen Organisation noch gar nicht geredet: angefangen beim studentischen Wohnen, den Curricula, den Prüfungsordnungen vor allem über die Karrierewege der Wissenschaftlerinnen und Wissenschaftler bis hin zu den Lehr-/Lern- und Forschungsformen.

Die erste Einsicht lautet: Der Geist weht nicht, wo er will. Irdisch gesprochen, versteht sich. Oder es steigen aus den Studienordnungen und den Forschungsanlagen Geister, vor denen es einen grauste, gebräche es nicht den Normaluniversitäten und denjenigen, die von ihnen profitieren, in einem Ausmaß an materieller Selbstwahrnehmung jenseits der Berufungs- und Bleibeverhandlungen, das tatsächlich stupend zu nennen ist. Staunenswert.

Ginge man darauf aus, die gegenwärtige Verfassung der Wissenschaften (einschließlich des expansiven Privatsektors) zu analysieren, könnte man dies sinnvollerweise nur im Kontext der Verfassung einer Gesellschaft insgesamt tun. Gleiches gälte für die Vorstellung neuer Verfassung(en), die beispielsweise der veränderten Erkenntnistheorie und Methodologie der Wissenschaften entsprechen könnte. Ich apostrophiere im Folgenden nur einige Leitlinien organisatorischer Reform, ohne zu zeigen – was ich am deutschen (teilweise auch am andersartigen US-amerikanischen) Exempel wohl könnte –, welche Konsequenzen dieselben jeweils organisatorisch verlangten. Selbstredend gibt es kein fertiges organisatorisches Muster. Aus den Fehlern all der diversen Planereien ist zu lernen. Indes: Auch organisatorisch lassen sich etliche notwendige Minimalkonditionen nennen. Die blockierte Reformgeschichte der Universitäten kann als ein beträchtlich umfangreicher Flöz positiver und vor allem negativer Erfahrungen genutzt werden.

Die Lehre/das Lernen betreffend, besteht das Ziel aller Ziele in der fortdauernden Übung der fachspezifischen und fächerübergreifenden Kritik wissenschaftlicher Urteilskraft. Hierzu ist mitzubedenken, wie die Universitäten als Aufenthalts- und Sozialisationsorte der Lehrenden und der Lernenden, die gerade in Sachen Urteilskraft anzunehmen sind, so gestaltet werden können, dass sie vor allem anderen das Selbstbewusstsein der ihr (vorübergehend) Angehörenden stärken. Kants berühmter 1. Absatz seiner direkt der Aufklärung gewidmeten Schrift („Beantwortung der Frage: Was ist Aufklärung?" vom 5. Dezember 1783) endet nicht zufällig mit dem Satz: „Sapere aude! Habe Mut, dich deines eigenen Verstandes zu bedienen! ist also der Wahlspruch der Aufklärung." Sprich: „cognitio et emotio" – zeitgenössisch ausgedrückt: IQ und Habitus – müssen zusammenkommen, sonst nützt alle dann allenfalls „instrumentelle Vernunft" nichts.

Um zu solcher fachspezifisch/überfachlicher Kritik der Urteilskraft in die Lage versetzt zu werden, muss in den Lehr-/Lernformen und -inhalten der kognitive Zusammenhang aller Themen, Methoden und Ergebnisse zuerst beachtet werden, jenseits der fast in allen Wissenschaften vorherrschenden Punktualität und Addition. Beispielsweise wirtschaftswissenschaftlich heute: zuerst Einpauken von Methode; und wenn das framing up of mind geschehen ist, dann Theorien und irgendwann Wirtschaftspolitik; oder medizinisch: die Art, wie vorklinische und klinische Semester entkoppelt verkoppelt sind; die Addition der Lehr-/Lern-Einheiten danach; der eklatante Mangel an sozialmedizinischen Elementen; die Fragwürdigkeit der allgemeinen Medizinerausbildung und der an sie angehängten Facharztausbildungen einschließlich der Allgemeinmedizin.

Der kognitive Zusammenhang ist durch den sozialen zu ermöglichen und zu stützen. Die Einsamkeit und höchst begrenzte Freiheit der Studierenden und der nur bürokratisch zusammengehaltene Atomismus der Lehrenden arbeiten

Thema • Externe Perspektiven

dem Zusammenhangwissen, ja arbeiten sogar der Aneignung speziellen Wissens in kritischer Hinsicht entgegen.

Der fachliche, fächertranszendierende Bildungsprozess – wobei es hier zu allererst um die Fachschubladen innerhalb der Großfächer à la Medizin, Jurisprudenz oder Soziologie geht – ist so anzulegen, dass er im Prinzip konzentrisch und „veraltend" angelegt ist. Sprich: Er ist insgesamt von eher engzentrierten zu umfangreichen Kreisen vorzusehen oder vom eher fachspezifisch, ja unterfachspezifisch Besonderen zum eher Allgemeinen (das meint auch der Ausdruck „veralten", den ich analog zu „verjüngen" gebildet habe). Das früher im Studium generale gelehrte Wissen oder auch nur das Studium generale einzelner Fächer bleibt weithin belanglos, bestenfalls auswendig gelerntes Wissen, wenn dasselbe nicht mit den fachspezifisch besonderen Inhalten und Methoden verknüpft werden kann. Die gelernte Kunst der allmählichen und ihres Prozesses der Abstraktion bewussten Verallgemeinerung ist es, worauf es ankommt. Empfehlenswert dürfte die Gliederung der Studiengänge in eher kompakte Studienjahre sein, die mit eigenen Lehr-/Lern-Zielen und mit eigenen intensiven Lehr-/Lernformen ausgestattet sind. Hierbei kommt es darauf an, nur ein Kerncurriculum an Inhalten und Methoden bindend vorzuschreiben und ansonsten dem Selbstlernen – dem, was Humboldt Selbsttätigkeit genannt hat – größeren, immer wieder in Diskussionen aufgefangenen Raum zu geben.

Apropos Forschung – endlich hin zu einer inneren Forschungsorganisation der Fächer und universitärer Forschung insgesamt. Hierzu sind unter anderem folgende Ziele umzusetzen – immer im Doppelpass: Inhalte *und* Formen.
- An erster Stelle steht kooperative Forschung in den Fächern und zwischen denselben.
- Wichtig ist es, die Forschungen so anzulegen, dass auch die winzigsten Themen auf die Fachprobleme und Fachmuster insgesamt bezogen werden. Außerdem spricht viel für das je und je erfolgende exemplarische Durchspielen der diversen Forschungen und ihrer Ergebnisse.
- In der Regel sind Empirie (in weitem Sinn wie die folgende Theorie) und Theorie so anzulegen, dass die Theorien Hegels Einsicht entsprechen: Eine Sache verstehen heißt, diese in ihrer *Entwicklung* begreifen. Der Abstraktionsprozess, den Theorie immer bedeutet, muss deutlich machen, wovon jeweils abgesehen, auf welche Besonderheiten jeweils verzichtet wird. Wenn die Forschungsanlage gewöhnlich so erfolgt, ist es auch möglich, Lern- und Irrtumsprozesse offen zu legen und Ergebnisse als Nichtergebnisse zu begründen (und umgekehrt).
- Bis zum Exzess kommt es darauf an, dem an und für sich selbstverständlichen Postulat der Durchsichtigkeit zu genügen. Das Leibnitz'sche „distincte et clare" von Verfahren und Darstellung darf freilich nicht damit verwechselt werden, dass möglichst keine Ambivalenzen, keine vermeidlich unvermeidlichen Dunkelheiten, keine Aporien eingeräumt werden. Im Gegenteil. Erneut

gilt: Das, was wissenschaftlicher „Erfolg" heißt, ist jeweils genau zu qualifizieren. Die vor allem bei anwendungsbezogener Forschung übliche cäsaristische Täuschung ist gerade auch praktisch fragwürdig, wenn nicht verhängnisvoll. Cäsaristisch, das heißt Erkenntniseroberungen und Präsentationen à la „Ich kam, ich sah und ich siegte".

Wissenschaft als Allgemeinbildung

Je wichtiger die Wissenschaften, ihre Verfahren und Ergebnisse sind, desto wichtiger ist es, dass die nötig-unnötigen Fachhermetiken überstiegen werden. Popularisierungen in einem nicht herabsetzenden Sinn gehören zu einer der hauptsächlichen Aufgaben aller Wissenschaften. Gleicherweise gilt: Je wichtiger Wissenschaften sind, um „Welt" verstehen und sich in ihr verhalten zu können, desto klarer und gebotener das Postulat: Bildung ist Bürgerrecht.

Wie beide unterschiedlichen Erfordernisse organisatorisch umzusetzen wären, ist an dieser Stelle nicht einmal mehr anzudeuten. In keinem Fall darf die Antwort die Fortsetzung der Massenuniversitäten sein; und sei es selbst mit anderen Mitteln. Die heutige Größe wissenschaftlich lehrend-forschender Aggregate ist eindeutig und nachweislich in jeder vernünftigen Hinsicht kontraproduktiv. So jedoch Menschenrechte und Demokratie keine Werte und Verfahren darstellen, die dem, was Wissenschaften sind – oder, vorsichtiger gesprochen: sein könnten und sollten –, äußerlich sind, ist es mehr denn je geboten, theoretisches Wissen mitsamt dem entsprechenden methodischen Vermögen und der darin auch begründeten Urteilskraft prinzipiell an alle Bürgerinnen und Bürger zu „vermitteln". Sonst läuft das, was Demokratie genannt wird, sonst laufen auch Menschenrechte weithin kognitiv und habituell, sozusagen postbürgerlich leer.

Das, was ich zuletzt angedeutet habe, wie auch die Ausführungen zuvor hat und haben utopischen Charakter. All das besitzt gegenwärtig keinen gesellschaftlichen Raum. Kein Ort irgend. Umso wichtiger ist die Arbeit an angemessenen Vorstellungen. Umso wichtiger sind auch die kleinsten Schritte in die angedeutete Richtung. Falsch aber wäre es – es sei denn, man könne die skizzierten Vorstellungen als illusionär erweisen –, die Anforderungen, so sie im Kern in die richtige Richtung weisen, zu verwässern. Mit hohen Ansprüchen muss man sich, will man etwas von dem verwirklichen, was ich „neue Wissenschaft" genannt habe, auf den hürden- und hindernisreichen und erwartbar nie in toto erfolgreichen Weg machen. Auch hier gilt Hölderlins Hyperion-Motto: Nicht das Größte zu zwingen, das Kleinste zu halten, ist göttlich: Non coerceri maximo sed contineri minimo divinum est.

Literatur zum Thema

Alheit, Peter: Zivile Kultur. Verlust und Wiederaneignung der Moderne. Campus-Verlag, Frankfurt/M. – New York 1994
Argyris, Chris; Schön, Donald A.: Die lernende Organisation, Grundlagen, Methode, Praxis. Klett-Cotta, Stuttgart 1999
Bast, Gerald (Hg.): UOG 1993. Manz-Verlag, Wien 1993
Bateson, Gregory: Ökologie des Geistes. Suhrkamp, Frankfurt/M. 1981, S. 582
Baumgartner, Peter: Der Hintergrund des Wissens. Vorarbeiten zu einer Kritik der programmierbaren Vernunft. Kärntner Druck- u. Verlagsges., Klagenfurt 1993
Beck, Ulrich: Risikogesellschaft. Auf dem Weg in eine andere Moderne. Suhrkamp, Frankfurt/M. 1986
Beck, Ulrich; Giddens, Anthony; Lash, Scott: Reflexive Modernisierung. Eine Kontroverse. Suhrkamp, Frankfurt/M. 1996
Beck, Ulrich: Schöne neue Arbeitswelt. Vision: Weltbürgergesellschaft. Campus-Verlag, Frankfurt/M. – New York 1999
Berka, Gerhard; Hochgerner, Josef: Der Wandel der Arbeitsorganisation. 2. Aufl. Kammer für Arbeiter und Angestellte für Wien, Wien 1995
Bodenhöfer, Hans-Joachim: Weiterbildung als neue Aufgabe der Universitäten. In: Larcher, Dietmar (Hg.): Weiterbildung an der Universität. Böhlau-Verlag, Wien 1986
Breidenbach, Stephan: Mediation. Struktur, Chancen und Risken von Vermittlung im Konflikt. Schmidt, Köln 1995
Dulabaum, Nina L.: Mediation. Das ABC. Die Kunst, in Konflikten erfolgreich zu vermitteln. Beltz, Weinheim 1998
Europäische Kommission: Lehren und Lernen auf dem Weg zur kognitiven Gesellschaft. Brüssel 1995
Europäische Kommission: Europa verwirklichen durch die allgemeine und berufliche Bildung. Brüssel 1997
Falk, Gerhard; Heintel, Peter; Pelikan, Christa (Hg.): Die Welt der Mediation. Alekto, Klagenfurt 1998
Friedman, Gary J. D.: A Guide to Divorce Mediation. Workman Publishing, New York 1993
Geißler, Karlheinz A.; Orthey, Frank Michael: Der große Zwang zur kleinen Freiheit. Berufliche Bildung im Modernisierungsprozeß. Hirzel, Stuttgart 1998
Goleman, Daniel: Emotional Intelligence. Why it can matter more than IQ. Bloomsbury, London 1996
Grossmann, Ralph: Die Selbstorganisation der Krankenhäuser. In: Grossmann, Ralph et al. (Hg.): Veränderung in Organisationen, Management und Beratung. Wiesbaden, Gabler 1995, S. 55-78
Grossmann Ralph (Hg.): Wie wird Wissen wirksam? (iff texte. Bd 1.) Springer, Wien – New York 1997

Gruber, Elke: Bildung zur Brauchbarkeit? Berufliche Bildung zwischen Anpassung und Emanzipation. Eine sozialhistorische Studie. 2. Aufl. Profil Verl., München – Wien 1997

Gruber, Elke: Und Bildung ist doch mehr ... Einige (krititsche) Anmerkungen zur aktuellen Bildungsdiskussion. In: Die Österreichische Volkshochschule, 191, März 1999, S. 2-7

Haft, Friedjof: Verhandeln. Die Alternative zum Rechtsstreit. Beck, München 1992

Haynes, John M.; Bastine, Reiner H. E.; Link, Gabriele; Mecke, Axel: Scheidung ohne Verlierer. Kösel, München 1993

Krainer, K.: Teachers' Growth Is More Than the Growth of Individual Teachers: The case of Gisela. In: Cooney, T.; Lin, F. L. (Hg.): Making Sense of Mathematics Teacher Education. Kluwer, London (im Druck)

Krainer, Karl; Posch, Peter: Lehrerfortbildung zwischen Prozessen und Produkten. Klinkhardt, Bad Heilbrunn 1996

Lisop, I.: Zur Rolle der Berufsbildung in den Bildungspolitischen Reformgutachten der Bundesrepublik Deutschland. In: Arnold, Rolf; Dobischat, R.; Ott, B. (Hg.): Weiterungen der Berufspädagogik. Steiner, Stuttgart 1997, S. 97-113

Lith, Ulrich van: Mehr Zukunftsfähigkeit durch ein neues Verhältnis des Staates zu Bildung und Wissenschaft. In: Weizsäcker, Robert K. von (Hg.): Deregulierung und Finanzierung des Bildungswesens. Duncker & Humblot, Berlin 1998

Obholzer, Anton: Managing Social Anxieties in Public Sector Organizations. In: Obholzer, Anton; Roberts, Vega Zagier: The Unconscious at Work. Routledge, London – New York 1994, S. 121-128

Pascherer, Oliver: Konkurrenz im Bildungswesen. In: Training, 3/1999, S. 30

Ponschab, Reiner; Schweizer, Adrian: Kooperation statt Konfrontation. Schmidt, Köln 1998

Scala, Klaus; Grossmann, Ralph: Supervision in Organisationen. Juventa Verlag, Weinheim – München 1997

Schriftliches Statement zur Jahrestagung der KEBÖ „Weiterbildung im internationalen Vergleich". Beispiele für rechtliche und finanzielle Rahmenbedingungen. Wien, 6. Mai 1999

Sennett, Richard: Der flexible Mensch. Die Kultur des neuen Kapitalismus. Berlin-Verlag, Berlin 1998

Voß, G.; Pongratz, H. J.: Der Arbeitskraftunternehmer. Eine neue Grundform der Ware Arbeitskraft? In: Kölner Zeitschrift für Soziologie. 50. Jg./1998, S. 131-158

Willke, Helmut: Systemisches Wissensmanagement. (UTB. Bd 2047.) Lucius & Lucius, Stuttgart 1998

Wimmer, R.: Die permanente Revolution. Aktuelle Trends in der Gestaltung von Organisationen. In: Grossmann, Ralph et al. (Hg.): Veränderung in Organisationen, Management und Beratung. Gabler, Wiesbaden 1995, S. 21-41

Zilleßen, Horst: Mediation – Kooperatives Konfliktmanagement in der Umweltpolitik. Westdeutscher Verlag, Wiesbaden 1997

Kontroversen

Schöpferische Zerstörung

Das Beispiel (electronic) British Medical Journal zeigt, dass Eprints und gedruckte Publikationen nicht zwangsläufig in einem Konkurrenzverhältnis stehen.

> It's easy to say what would be the ideal online resource for scholars and scientists: all papers in all fields, systematically interconnected, effortlessly accessible and rationally navigable, from any researcher's desk, worldwide for free.
>
> Stevan Harnad

„Three hundred years of print journals have bequeathed us almost the exact opposite of the ideal proposed by Harnad, one of the leading thinkers on how the internet will change science", so der Web-Chefredakteur des British Medical Journal (BMJ), Tony Delamothe. Das British Medical Journal war im Electronic Publishing federführend und veröffentlichte als eines der ersten Journals sämtliche Beiträge parallel zur gedruckten Version online im Volltext. Paradox scheint die Tatsache, dass die Entscheidung für das offensive Publizieren von Eprints – anders, als oftmals angenommen bzw. befürchtet – im Fall des BMJ eine Steigerung der Auflage der Druckversion zur Folge hatte, statt eine Konkurrenzsituation zwischen den beiden Produkten zu provozieren.

Vor allem die KonsumentInnen würdigen das Online-Engagement, wie etwa ein Leserbrief eines indischen Mediziners beweist: „Paper based journals are often not accessible to many physicians in the developing countries. Were there to be no internet, no access to electronic journals, many of us can hardly ever expect to read new published work."

Einer vor drei Jahren durchgeführten Untersuchung der Abteilung für Medizinische Informatik an der Uni-Klinik Erlangen zufolge besteht dringender Bedarf für mehr medizinische Information via Internet, sowohl für ÄrztInnen als auch für PatientInnen. Der Gesundheitsökonom Christian Köck, Mitglied des Editorial Board des BMJ, spricht von einer „Vorreiterrolle", die die medizinische Fachzeitschrift in ihrem Bereich gespielt habe, und sieht in der Online-Version des Journals (eBMJ) vor allem eine Kommunikationsplattform, in der beispielsweise alle LeserInnenbriefe – auch die nicht abgedruckten – online zu lesen sind. Derzeit überlege man sogar die Online-Veröffentlichung aller eingereichten Papers.

eBMJ-Redakteur Delamothe sieht jedenfalls spannende Zeiten heranrücken: „We are about to enter a period of what the Austrian-American economist Joseph Schumpeter called 'creative destruction', and only some of us will still be in business at the end. And those of us who still exist will not be doing exactly what we are doing now."

(red)

Kontroversen

Neue Medien an Österreichs Universitäten

In einem Diskussionsentwurf vom Oktober 1999 skizziert das Bundesministerium für Wissenschaft und Verkehr ein Rahmenkonzept für „Neue Medien in der Lehre an Universitäten und Fachhochschulen in Österreich", das in den nächsten Jahren realisiert werden soll. Ein kurzer Abriss der Arbeitsgrundlage.

Leitmotiv
In erster Linie geht es beim Konzept um die Entwicklung von Lehr- und Lerninhalten unter Berücksichtigung stark veränderter Lernumgebungen. Lehrveranstaltungen mit bisher wenig partizipatorischem Charakter sollen durch den Einsatz von neuen Medien ergänzt werden. Diese Umstellung soll zu einer Erweiterung des AdressatInnenkreises dieser Lehrangebote beitragen. Die Möglichkeit zu lebensbegleitendem Wissenserwerb unabhängig von Zeitpunkt und Ort sowie die Chancen auf Qualitätsverbesserungen in der Lehre werden als wesentliche Aspekte genannt, die in einer weiteren Entwicklung zu einer höheren Effizienz im Einsatz der vorhandenen Mittel führen sollen. Im Entwurf wird auch betont: „So sehr es notwendig ist, dass sich der freie Markt im Bildungswesen engagiert, so wichtig ist es, dass dies im kulturellen Rahmen und entsprechend dem österreichischen Bildungssystem geschieht." Die vorgeschlagenen Maßnahmen sollen sicherstellen, dass Aus- und Weiterbildungsangebote „zu sozial akzeptablen Kosten und mit Qualitätssicherung" zur Verfügung stehen.

Ziele
Innerhalb der nächsten drei Jahre sollen folgende Ziele realisiert werden:
- *Vernetzung, Kontakte.* Vorhandene Innovationsbestrebungen sollen zusammengeführt, fachübergreifende Kooperationen ermöglicht und Austauschplattformen eingerichtet werden, in denen Studienkommissionen, Studiendekane und Studierende über Inhalte von Online- und Offline-Angeboten diskutieren.
- *Mischformen.* Für traditionelle Universitäten und Fachhochschulen (FHS) mit spezifischen kulturellen Entwicklungsgeschichten und Bildungsansprüchen wird nur eine Mischform von Präsenz- und Online-Lehrangebot sinnvoll sein.
- *Innovation in der Lehre.* Die neuen Möglichkeiten verlangen von den Lehrenden Medien- und Informationskompetenz sowie Teamfähigkeit, von den Studierenden auf Grund der veränderten Lernumgebung erhöhte Eigenverantwortlichkeit.

Strategien
Um die genannten Ziele zu erreichen, ist eine Verknüpfung unterschiedlicher Strategien erforderlich:

Kontroversen

- *Kooperationen, Synergieeffekte.* Durch die verstärkte – nationale und internationale – interdisziplinäre Zusammenarbeit wird ein erhöhter Innovationsgrad der entsprechenden Lehrangebote erwartet. Das Konzept setzt dabei auf den Ausbau der Kooperationen zwischen dem öffentlichen und dem privaten Sektor.
- *Wege zur Vernetzung.* Die Universitäten in Österreich verfügen mit dem ACO-Net über ein leistungsfähiges Datennetz, das für Informations- und Bildungsangebote verwendet werden kann. Dieses soll weiter ausgebaut werden; weiters wird ein kostengünstigerer Netzzugang angestrebt. Eine wesentliche Aufgabe soll in der Content-Entwicklung bestehen.
- *Wettbewerb* zwischen den einzelnen Bildungsinstitutionen soll, so das Rahmenkonzept, dem Innovationspotenzial zum Durchbruch verhelfen.
- *Weiterbildung, Personalentwicklung.* Der Umgang mit neuen Medien erfordert Kompetenzen, die derzeit bei den Lehrenden nicht generell vorausgesetzt werden können. Daher sollen Personalentwicklungs-, Aus- und Weiterbildungskonzepte der Universitäten und FHS gefördert werden.

Maßnahmen

Die Umsetzung der im Diskussionsentwurf vorgeschlagenen Maßnahmen soll auf der Basis folgender Grundprinzipien erfolgen: Schaffung von Anreizen, Transparenz, externe Bewertung, Output-Orientierung. Als Maßnahmen werden vorgeschlagen:

- *Einrichtung einer Steuerungsgruppe.* Diese soll ermöglichen, dass Entwicklungsschwerpunkte gemeinsam mit den Universitäten und Fachhochschulen erarbeitet werden.
- *Aufbau eines Bildungsverbundes.* Ein österreichisches Bildungsnetz ist notwendig, um vorhandene und die in Entwicklung befindlichen Online-Angebote österreichischer Bildungsinstitutionen national und international allen Zielgruppen (Studierende, Lehrende, an Weiterbildung Interessierte) zur Verfügung stellen zu können.
- *Förderprogramm.* Für die Fördermaßnahmen, die den Aufbau einer Organisationseinheiten-Plattform, Content-Entwicklung, softwaretechnische Rahmenbedingungen, Preise und Wettbewerbe (etwa den MeDiDa-Prix, der im September 2000 erstmals vergeben wird) sowie Begleitstudien beinhalten, sollen laut Rahmenprogramm für drei Jahre 100 Mio. Schilling zur Verfügung stehen.
- *Weiterbildungsangebote.* Es sollen Personalentwicklungs- und Weiterbildungskonzepte gefördert werden, die auf den Erwerb von Kompetenzen ausgerichtet sind, die von den Lehrenden durch den Einsatz von neuen Medien verlangt werden: Medien- und Informationskompetenz, Teamfähigkeit, Beratungs- und Betreuungsfunktionen im neuen Lernprozess, Tutoring und Mentoring.

(red)

Autorinnen und Autoren

Gerhard Falk
Studium der Rechtswissenschaften, Familien- und Wirtschaftsmediator, Trainer und Berater in freier Praxis; seit 1996 Leiter des Arbeitsbereiches Mediation und Konfliktregelung am iff-Studienzentrum, Lehrbeauftragter für Mediation; sozialwissenschaftliche Forschungen, Entwicklung und Durchführung von Aus- und Weiterbildung; 1997 Gründung der „Gesellschaft für Angewandte Mediation (Win.Win)".

Ralph Grossmann
Studium der Rechtswissenschaften; sozialwissenschaftlicher Forscher, Trainer, Supervisor und Organisationsberater; seit 1981 wissenschaftliche Tätigkeit am iff; Leiter der Abteilung für Organisationsentwicklung und Systemsteuerung; stellvertretender Institutsvorstand des iff; seit 1997 außerordentlicher Universitätsprofessor für Gruppendynamik und Organisationsentwicklung an der Universität Klagenfurt und am iff; Lehrtrainer und Lehrberater der ÖGGO.

Elke Gruber
Ausbildung zur Diplomkrankenschwester; Studium der Medizin-Pädagogik an der Humboldt-Universität zu Berlin, dort Forschungsassistentin im Bereich Berufspädagogik/Erwachsenenbildung; seit 1989 Mitarbeiterin, später Universitätsassistentin an der Abteilung Erwachsenenbildung der Karl-Franzens-Universität Graz; Forschungsschwerpunkte: Erwachsenenbildung (insbesondere berufliche Weiterbildung), Berufspädagogik, internationale Bildungsentwicklungen, Bildungsgeschichte.

Peter Heintel
Universitätsprofessor für Philosophie und Gruppendynamik am Institut für Philosophie der Universität Klagenfurt; 1974-1977 Rektor der Universität Klagenfurt; Gründungsvorstand des iff (1979-1991), derzeit Leiter der Abteilung „Studienzentrum für Weiterbildung"; Obmann des „Vereins zur Verzögerung der Zeit"; Tätigkeit als Organisationsberater in zahlreichen in- und ausländischen Unternehmen.

Konrad Krainer
Studium der Lehramtsfächer Mathematik sowie Geographie und Wirtschaftskunde an der Universität Klagenfurt; Leiter der Abteilung „Schule und gesellschaftliches Lernen" am iff Klagenfurt; Organisationsberater im Bildungsbereich; Associate Editor des Journal of Mathematics Teacher Education; Mitglied des Steering Committee der European Society for Research in Mathematics Education.

Autorinnen und Autoren

Larissa Krainer
Studium der Philosophie und Kommunikationswissenschaft an der Universität Klagenfurt; 1995-1997 Landesgeschäftsführerin von amnesty international Kärnten; seit 1998 wissenschaftliche Mitarbeiterin am Studienzentrum für Weiterbildung des iff.

Karin Lackner
Studium der Theaterwissenschaft, Psychologie, Humanbiologie und Philosophie in Wien; seit 1991 Assistenzprofessorin, Mitglied der Abteilung für Psychologische Grundlagenforschung an der Universität Klagenfurt; seit 1996 halbe Dienstzuteilung zur Abteilung „Studienzentrum für Weiterbildung" am iff.

Martin Möhrle
Studium des Wirtschaftsingenieurwesens an der Universität Karlsruhe und der Volkswirtschaftslehre an der Universität Paris I (Panthéon-Sorbonne); Leiter von Corporate Talent Recruiting, Elite Tracking and Executive Education der Deutschen Bank; Schwerpunktthemen in den letzten Jahren: Aufbau einer Executive Education-Praxis, Aufbau einer unternehmensübergreifenden Rekrutierungspraxis.

Wolf-Dieter Narr
Altphilologisch, historisch, philosophisch und sozialwissenschaftlich ausgerichtetes Studium an den Universitäten Würzburg, Tübingen und Erlangen; seit 1971 Professor für Politikwissenschaft an der Freien Universität Berlin; Mitbegründer und Vorstandsmitglied des Komitees für Grundrechte und Demokratie.

Klaus Scala
Studium der Philosophie, Psychologie und Klassischen Philologie in Wien; Gruppendynamiker und Organisationsberater; Leiter des Lehrinstituts für das Schulpraktikum an der Universität Graz; wissenschaftlicher Konsulent am iff, Abteilung Organisationsentwicklung und Systemsteuerung; Arbeitsschwerpunkte: Training, Organisationsberatung und Supervision mit Schwerpunkt Organisationsentwicklung in öffentlichen Dienstleistungsorganisationen.

Index

Band 1 **Wie wird Wissen wirksam?**
Mit Beiträgen von: Arno Bammé, Erwin Bundschuh,
Roland Fischer, Marina Fischer-Kowalski, Heinz von Foerster,
Günter Getzinger, Ralph Grossmann, Luise Gubitzer,
Katharina Heimerl, Peter Heintel, Andreas Heller, Manfred Jochum,
Konrad Krainer, Maria Nicolini, Harald Payer, Hans Pechar,
Ada Pellert, Harald Rohracher, Klaus Scala,
Gerhard Strohmeier, Helmut Willke

Band 2 **Besser Billiger Mehr – Zur Reform der Expertenorganisationen Krankenhaus, Schule, Universität**
Mit Beiträgen von: Johanna Dorer, Heinz Ebner, Roland Fischer,
Victor Gotwald, Ralph Grossmann, Katharina Heimerl,
Andreas Heller, Eduard Hruska, Christian Köck, Konrad Krainer,
Marlies Krainz-Dürr, Max J. Lenz, Mario Patera, Hans Pechar,
Anton Pelinka, Ada Pellert, Peter Posch, Franz Rauch, Erich
Ribolits, Klaus Scala, Willi O. Wegenstein, Georg Zepke

Band 3 **Technologische Zivilisation und Kolonisierung von Natur**
Mit Beiträgen von: Arno Bammé, Wilhelm Berger,
Marina Fischer-Kowalski, Peter Fleissner, Kurt Grünewald,
Helmut Haberl, Bodo Hell, Ernst Kotzmann, Lyla Mehta,
Maria Nicolini, Christian Nohel, Rolf Peter Sieferle,
Michael Stampfer, Christine Wächter,
Helga Weisz, Verena Winiwarter

Band 4 **Alternative Ökonomie**
Mit Beiträgen von: Remmer Mauritius Bamme, Wilhelm Berger,
Wolfgang Edelmüller, Roland Fischer, Caroline Gerschlager,
Luise Gubitzer, Ingrid Hauder, Peter Heintel, Erich Kitzmüller,
Rainer Klien, Ina Paul-Horn, Ada Pellert, Clemens Ragl,
Rosa Scheuringer, Helga Stattler

Band 5 **Kulturlandschaftsforschung**
Mit Beiträgen von: Christof Amann, Karolina Begusch-Pfefferkorn,
Thomas N. Burg, Christine Gamper, Helmut Haberl, Peter Heintel,
Herbert Hrachovec, Marie Céline Loibl, Fridolin Krausmann,
Karin Liebhart, Thomas Macho, Brigitte Menne, Maria Nicolini,
Christian Smoliner, Gerhard Strohmeier, Wolfgang Suske,
Judith Veichtlbauer, Helga Weisz

Index

Band 6 **Studium Integrale**
Mit Beiträgen von: Markus Arnold, Karl Brunner, Roland Fischer, Marie Antoinette Glaser, Peter Heintel, Karen Kastenhofer, Orhan Kipcak, Christa Koenne, Larissa Krainer, Andrea Laßnig, Wolfgang Müller-Funk, Helga Stadler, Franz Tomandl, Harald Wilfing

iff home page

http://www.uni-klu.ac.at/groups/iff/

iff texte online

http://www.univie.ac.at/iffoesyst/ifftexte/

Band 8 der **iff texte** zum Thema

Das Öffentliche organisieren

erscheint im **Winter 2000**

iff Service

INSTITUTSLEITUNG

Vorstand:	o. Univ.-Prof. Dr. Roland Fischer	fon: 43-1-5224000-521
Stellvertreter:	a.o. Univ.-Prof. Dr. Ralph Grossmann	fon: 43-1-5224000-206
	o. Univ.-Prof. Dr. Arno Bammé	fon: 43-463-2700-769
Verwaltungsleiter:	Dr. Franz Prochazka	fon: 43-463-2700-753
Sekretariat:	Horst Sadovnik	fon: 43-463-2700-754
e-mail:	iff.leitung@uni-klu.ac.at	

ABTEILUNG SCHULE UND GESELLSCHAFTLICHES LERNEN

Leitung: a.o. Univ.-Prof. Dr. Konrad Krainer; Sekretariat: Margit Bader, Waltraud Rohrer
9010 Klagenfurt, Sterneckstraße 15
fon: 43-463-2700-740; fax: 43-463-2700-759
e-mail: waltraud.rohrer@uni-klu.ac.at; homepage: www.uni-klu.ac.at/groups/iff/schule
Themen: Unterrichtsentwicklung und LehrerInnenbildung; Organisationsentwicklung im Bildungsbereich; Systementwicklung im Schulwesen

Standort Wien

Sekretariat: Sonja Engl
fon: 43-1-5224000-0
e-mail: sonja.engl@univie.ac.at

ABTEILUNG STUDIENZENTRUM FÜR WEITERBILDUNG

Leitung: Univ.-Prof. Dr. Peter Heintel; Sekretariat: Ingrid Ringhofer
9010 Klagenfurt, Sterneckstraße 15
fon: 43-463-2700-724; fax: 43-463-2700-759
e-mail: ingrid.ringhofer@uni-klu.ac.at; homepage: www.uni-klu.ac.at/groups/iff/stz
Themen: Alternative Modellbildung in der Ökonomie; Bildung und Organisation regionaler Netzwerke; Energie und Umwelt; Mediation und Konfliktregelung; Psychosoziale Weiterbildung; Studium Integrale; Soziodynamische Gestaltungskompetenz

ABTEILUNG TECHNIK- UND WISSENSCHAFTSFORSCHUNG

Leitung: o. Univ.-Prof. Dr. Arno Bammé; Sekretariat: Andrea Laßnig
9010 Klagenfurt, Sterneckstraße 15
fon: 43-463-2700-763; fax: 43-463-2700-759
e-mail: andrea.lassnig@uni-klu.ac.at; homepage: www.uni-klu.ac.at/groups/iff/tewi
Themen: Technikgestaltung; Frauen und Technik; Technik, Logik, Technologie; Kultur, Technik, Gesellschaft

Standort Graz

Sekretariat: Reinhard Wächter
8010 Graz, Schlöglgasse 2
fon: 43-316-81 39 09
e-mail: waechter.r@ifz.tu-graz.ac.at

ARBEITSGRUPPE ORGANISATION UND BILDUNG

Leitung: a.o. Univ.-Prof. Andreas Heller; Sekretariat: Karin Schönbauer, Anna Wögerbauer
1070 Wien, Schottenfeldgasse 29
fon: 43-1-5224000-101
e-mail: karin.schoenbauer@univie.ac.at
Themen: Hochschulforschung; Interkulturelle Sozialkompetenz; Palliative Care und organisationales Lernen

iff Service

ARBEITSGRUPPE ORGANISATIONSENTWICKLUNG UND SYSTEMSTEUERUNG
Leitung: a.o. Univ.-Prof. Dr. Ralph Grossmann; Sekretariat: Helena Biritz
1070 Wien, Schottenfeldgasse 29
fon: 43-1-5224000-201
e-mail: helena.biritz@univie.ac.at; homepage: www.univie.ac.at/iffoesyst/
Themen: Führung und Steuerung von Expertenorganisationen; Organisationsentwicklung in öffentlichen Dienstleistungsunternehmen; Doktoratsstudium
„Organisationsentwicklung"; Vermittlung sozialer Kompetenz

ABTEILUNG RAUM UND ÖKONOMIE
Leitung: a.o. Univ.-Prof. Dr. Gerhard Strohmeier; Sekretariat: Roswitha Pogner
1070 Wien, Schottenfeldgasse 29
fon: 43-1-5224000-301
e-mail: roswitha.pogner@univie.ac.at; homepage: www.univie.ac.at/iffroec/
Themen: Regionalentwicklung; Historische Anthropologie;
Theoretische und angewandte Museologie

ABTEILUNG SOZIALE ÖKOLOGIE
Leitung: Univ.-Prof. Dr. Marina Fischer-Kowalski; Sekretariat: Michaela Worliczek
1070 Wien, Schottenfeldgasse 29
fon: 43-1-5224000-401
e-mail: michaela.worliczek@univie.ac.at; homepage: www.univie.ac.at/iffsocec/
Themen: Gesellschaftlicher Stoffwechsel; Kolonisierung natürlicher Systeme;
Kulturelle Evolution ökologischer Verträglichkeit; Bürgerbeteiligung

ARBEITSGRUPPE WISSENSCHAFTSDIDAKTIK
Leitung: o. Univ.-Prof. Dr. Roland Fischer; Sekretariat: Renate Schauer
1070 Wien, Schottenfeldgasse 29
fon: 43-1-5224000-501
e-mail: renate.schauer@univie.ac.at
Themen: Wissenschaftskulturen; Studium Integrale

ARBEITSGRUPPE POLITISCHE BILDUNG
Leitung: o. Univ.-Prof. Dr. Anton Pelinka; Sekretariat: Emanuela Norer
6020 Innsbruck, Universitätsstraße 15
fon: 43-512-507-7065; fax: 43-512-507-2849
e-mail: emanuela.norer@uibk.ac.at
Themen: Politische Bildung

BIBLIOTHEK iff-WIEN
Leitung: Bernhard Hammer
1070 Wien, Schottenfeldgasse 29
fon: 43-1-5224000-0
e-mail: bernhard.hammer@univie.ac.at

iff texte REDAKTION
Mag. Clemens Ragl; Mitarbeit: Ingrid Hauder
1180 Wien, Klostergasse 12/23
fon & fax: 43-1-470 76 92; e-mail: clemens.ragl@vienna.at

GPSR Compliance

The European Union's (EU) General Product Safety Regulation (GPSR) is a set of rules that requires consumer products to be safe and our obligations to ensure this.

If you have any concerns about our products, you can contact us on

ProductSafety@springernature.com

In case Publisher is established outside the EU, the EU authorized representative is:

Springer Nature Customer Service Center GmbH
Europaplatz 3
69115 Heidelberg, Germany

www.ingramcontent.com/pod-product-compliance
Lightning Source LLC
LaVergne TN
LVHW010344260326
834688LV00036B/864